# 微信

## 视频号、公众号、小程序、朋友圈

### 运营一本通

陈达远　编著

清华大学出版社

北　京

## 内 容 简 介

本书包括10章专题内容，180多个纯高手干货技巧，从账号运营、内容打造、引流技巧、带货卖货、变现技巧等角度，帮助大家从新手成为高手！

本书是微信运营的必备指南，全书针对微信视频号、公众号、小程序和朋友圈运营，介绍了很多极具学习和借鉴意义的方法与技巧，帮助各位运营者打通微信视频号、公众号、小程序和朋友圈运营，打造更多爆款内容，让用户主动进入你的私域流量池，成为你的忠实顾客。

本书适合微信系列产品运营者，如视频号、公众号、小程序和朋友圈的运营人员、创业者等阅读参考。

本书封面贴有清华大学出版社防伪标签，无标签者不得销售。

版权所有，侵权必究。举报：010-62782989，beiqinquan@tup.tsinghua.edu.cn。

**图书在版编目(CIP)数据**

微信视频号、公众号、小程序、朋友圈运营一本通 / 陈达远编著. —北京：清华大学出版社，2021.1

ISBN 978-7-302-57203-9

Ⅰ. ①微… Ⅱ. ①陈… Ⅲ. ①网络营销 Ⅳ. ①F713.365.2

中国版本图书馆CIP数据核字(2020)第260290号

责任编辑：张　瑜
装帧设计：杨玉兰
责任校对：李玉茹
责任印制：丛怀宇

出版发行：清华大学出版社
　　　　网　　址：http://www.tup.com.cn, http://www.wqbook.com
　　　　地　　址：北京清华大学学研大厦A座　　　邮　　编：100084
　　　　社 总 机：010-62770175　　　　　　　　邮　　购：010-62786544
　　　　投稿与读者服务：010-62776969, c-service@tup.tsinghua.edu.cn
　　　　质量反馈：010-62772015, zhiliang@tup.tsinghua.edu.cn

印 装 者：三河市铭诚印务有限公司
经　　销：全国新华书店
开　　本：170mm×240mm　　　印　　张：15.25　　　字　　数：372千字
版　　次：2021年2月第1版　　　印　　次：2021年2月第1次印刷
定　　价：59.80元

产品编号：089079-01

随着微信的不断发展，越来越多的重要功能开始走进大众的视野。微信朋友圈为用户提供了一个分享个人生活的平台；微信公众号为用户提供了一个分享和接受知识的平台；微信小程序让许多应用得到了简化，也让人们的生活变得更加便捷；微信视频号则为用户提供了一个分享短视频内容的平台。

从当前的发展情况来看，微信朋友圈、公众号和小程序都获得了快速发展，甚至可以说成了微信的王牌板块之一。而许多运营者也成功地借助这几个板块获得了较为可观的收益。

微信视频号虽然 2020 年才上线，与抖音等短视频平台也有着一些相似之处，但是，因为有微信的庞大用户群作后盾，所以，也被许多人认为是继微信朋友圈、公众号、小程序之后，微信的又一张新王牌，同时也是运营的一个新风口。

看到这里，部分读者可能会有一个疑问：微信中的王牌这么多，那么，要重点把握哪个王牌板块呢？

在笔者看来，大家大可不必在这几个板块中进行选择，因为只要方法得当，大家完全可以在有限的时间内掌握微信视频号、公众号、小程序和朋友圈的运营技巧。那么，如何才能在有限的时间内打通这 4 个板块，掌握核心的运营技巧呢？其中比较简单、有效的一种方法就是学习他人的成功经验。

比如，大家可以购买相关的运营类图书，学习他人的运营技巧。纵观市面上的图书，单独讲微信视频号、公众号、小程序和朋友圈的书都有，但基本看不到有一本全面讲解这 4 个板块的书。

因此，许多运营者为了更好地掌握这 4 个板块的运营技巧，只得购买大量的图书。这样做虽然能较为全面地掌握各板块的运营技巧，但是，如果运营者的时间比较有限，那么，将很难从中找到重点内容，并将其全部消化。也正是因为这个原因，笔者结合个人实践经验编写了本书。本书中对微信视频号、公众号、小程序和朋友圈运营技巧进行了汇总和打通，将原本 4 本书的内容，提炼成 1 本书。书中内容的干货性更强，也便于大家在更短的时间内掌握重点运营知识。

具体来说，本书通过 10 章内容对微信视频号、公众号、小程序和朋友圈运营的相关要点及技巧进行了具体的解读，从零开始帮助大家运营好视频号。书中的内容以干货性、实践性和通俗性为立足点，力求让大家快速看懂、高效掌握重点运营技巧。

需要特别说明的是，本书是在笔者运营实践的基础上提炼出来的，虽然核心内容具有广泛的适用性，但是，因为每个运营者在运营过程中面临的具体情况不同，而且微信视频号、公众号、小程序和朋友圈还处于不断发展变化中，部分细节可能会与书中内容有一些差异。所以在学习本书的过程中，各位运营者还需重点掌握相关的运营技巧，并结合自身的实际情况，找到更适合自己的运营模式。

本书由陈达远编著，具体参与编写的人员还有高彪等人，在此表示感谢。由于编者知识水平有限，书中难免有错误和疏漏之处，恳请广大读者批评、指正。

编　者

# 目录

# 第 1 章

# 账号定位，打造名片

**学前提示**

在运营账号时，运营者需要重点做好两方面的工作。一是通过账号定位，确定运营方向；二是通过账号的开通和信息的设置，打造账号名片。本章就重点对这两方面的内容进行具体说明。

**要点展示**

▶ 5 个维度，准确定位

▶ 4 种方法，提供参照

▶ 开通账号，设置信息

账号定位就是为微信视频号、公众号、小程序和朋友圈的运营确定一个方向，为内容发布指明方向。那么，如何进行微信视频号、公众号、小程序和朋友圈的定位呢？

在微信视频号、公众号、小程序和朋友圈的运营过程中，必须做好账号定位。账号定位，简单的理解就是确定账号的运营方向。账号定位具体可细分为行业、内容、用户、产品和人设5个维度。只要账号定位准确，运营者就能精准地把握账号的发展方向，让运营获得更好的效果。

## 1.1　5个维度，准确定位

### 1.1.1　行业维度，垂直细分

行业定位就是确定账号运营内容的行业和领域。通常来说，运营者在做行业定位时，选择自己擅长的领域即可。例如，从事摄影的人员，便可以在微信视频号、公众号、小程序和朋友圈中分享摄影类的内容。

如图1-1所示，为微信视频号"SkyNi"的主页和内容呈现界面。可以看到，该微信视频号就是通过提供高质量的摄影类内容，来吸引微信视频号用户点赞、分享和关注的。

**图1-1　微信视频号"SkyNi"的主页和内容呈现界面**

当然，有时候某个行业包含的内容比较广泛，且平台上做该行业内容的账号也比较多，此时，运营者便可以通过对行业进行细分，侧重从某个细分领域打造账号内容。

比如，化妆行业包含的内容比较多，单纯做教人化妆的账号可能很难做出特色，这时候我们就可以通过领域细分从某方面进行重点突破。这方面具有代表性的当属李佳琦了，这位号称"口红一哥"的美妆博主便是通过分享口红的相关内容，来吸引对口红感兴趣的人群关注。

又如，摄影包含的内容比较多，而现在又有越来越多的人开始直接用手机拍摄视频。因此，微信视频号"贝贝手机摄影"针对这一点专门深挖手机摄影。如图1-2所示，为微信视频号"贝贝手机摄影"的主页和内容呈现界面。可以看到，该账号中便分享了大量手机摄影类的内容。

图1-2 微信视频号"贝贝手机摄影"的主页和内容呈现界面

## 1.1.2 内容维度，持续生产

微信视频号、公众号、小程序和朋友圈的内容定位就是确定账号的内容方向，并据此进行内容的生产。通常来说，运营者在做内容定位时，只需结合账号定位确定需要发布的内容，并在此基础上打造内容即可。

例如，微信视频号"木雕小仙女"的账号定位是做木雕作品展示类账号，所以该账号发布的内容以木雕的制作和展示为主。如图1-3所示，为该微信视频号的主页和内容呈现界面。

图 1-3　微信视频号"木雕小仙女"的主页和内容呈现界面

确定了账号的内容方向之后，运营者便可以根据该方向进行内容生产了。当然，在微信视频号、公众号、小程序和朋友圈运营的过程中，内容生产也是有技巧的。具体来说，运营者在生产内容时，可以运用以下技巧，打造持续性的优质内容，如图 1-4 所示。

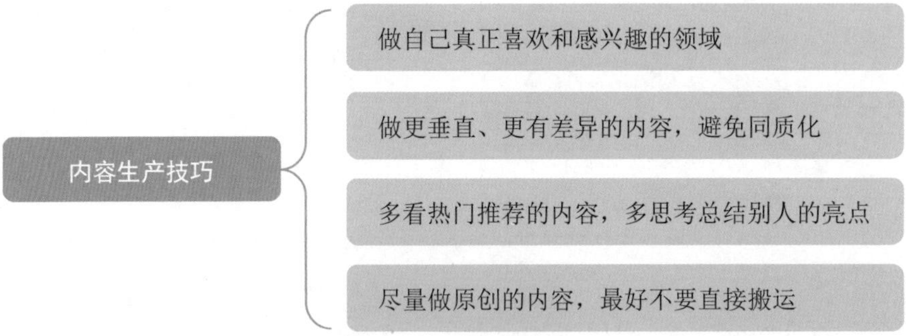

内容生产技巧

- 做自己真正喜欢和感兴趣的领域
- 做更垂直、更有差异的内容，避免同质化
- 多看热门推荐的内容，多思考总结别人的亮点
- 尽量做原创的内容，最好不要直接搬运

图 1-4　内容生产技巧

### 1.1.3　用户维度，找准用户

在微信视频号、公众号、小程序和朋友圈的运营中，找准目标用户是其中非常关键的一环。而在进行平台的用户定位之前，首先应该做的就是了解平台具体针对的是哪些人群、他们具有什么特性等问题。

了解目标用户，是为了方便运营者更有针对性地去发布内容，然后吸引更多目标用户的关注，获得更多的点赞。用户的特性一般可细分为两类，如图1-5所示。

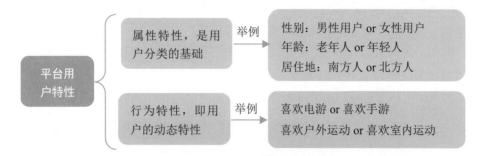

图1-5　平台用户特性分类分析

运营者在了解了用户特性的基础上，再去进行用户定位。在用户定位的过程中，一般包括3个步骤，具体情况如下。

### 1．数据收集

数据收集有很多方法可以采用，较常见的方法是通过市场调研来收集和整理平台用户的数据，然后再把这些数据与用户属性关联起来，如年龄段、收入和地域等，绘制成相关图谱，这样就能够大致了解用户的基本属性特征了。

### 2．用户标签

获取了用户的基本数据和基本属性特征后，就可以对其属性和行为进行简单分类，并进一步对用户进行标注，确定用户的可能购买欲和可能活跃度等，以便在接下来的用户画像构建过程中对号入座。

### 3．用户画像

利用上述内容中的用户属性标注，从中抽取典型特征，完成用户的虚拟画像，构成平台用户的各类用户角色，以便进行用户细分，并在此基础上更好地作出针对性的运营策略和精准营销。

## 1.1.4　产品维度，围绕货源

大部分运营者之所以要做微信视频号、公众号、小程序和朋友圈的运营，就是希望能够借此变现，获得一定的收益。而产品销售又是比较重要的变现方式，因此，进行产品的定位，选择合适的变现产品就显得尤为重要了。

产品定位一般可以分为两种方式：一种是根据自身拥有的产品货源进行定位；另一种是没有货源，根据自身业务范围进行定位。

根据自身拥有的产品进行定位很好理解，就是看自己有哪些产品是可以销售的，然后将这些产品作为销售的对象进行营销推广。

例如，某微信小程序平台中有多种水果可供销售，于是其将账号定位为水果销售类账号。运营者不仅将账号命名为"××水果"，而且还在微信小程序中对多种水果进行了展示。如图1-6所示，为该微信小程序的相关界面。

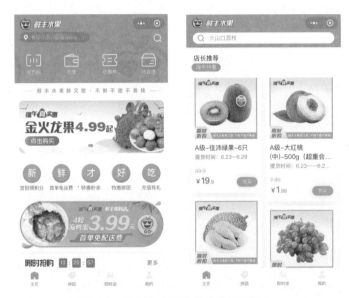

**图 1-6　根据自身拥有的产品进行定位**

根据自身业务范围进行定位，就是在自身的业务范围内发布内容，然后引导用户去对应的平台购买产品。这种定位方式比较适合自身没有产品的运营者，这部分运营者只需引导用户购买对应的产品，便可以获得佣金收入。

## 1.1.5　人设维度，打造标签

人设，是人物设定的简称。所谓人物设定，就是运营者通过发布的内容打造人物形象和个性特征。通常来说，成功的人设能在用户心中留下深刻的印象，让用户能够通过某个或者某几个标签，快速想到该账号。

例如，说到"反串""一人分饰两角"这两个标签，许多人可能首先想到的就是"多余和毛毛姐"这个抖音号。这主要是因为此抖音号中出现的红色披肩长发女性形象是由一个男性扮演的，也就是说，这个人物是反串的。

此外，"多余和毛毛姐"发布的抖音视频中，有时候还会出现一个男性形象，而这位男性就是红色披肩长发的女性形象的扮演者。也就是说，这位男性一人分饰了两角。再加上"多余和毛毛姐"发布的抖音视频内容很贴合生活，而且其中人物的表达又比较幽默搞笑，因此，该账号发布的内容通常会快速地吸引大量抖音用户。

人物设定的关键就在于为所发布内容中的人物贴上标签。那么，如何才能快速地为人物贴上标签呢？其中一种比较有效的方式就是发布相关内容，呈现人物符合标签特征的一面。

例如，微信视频号"浪胃仙本仙"为了凸显自身"大胃王"这个标签，发布了一条短视频。在这个视频中，他直接在店铺中点了30笼蒸饺，并将其全部吃完，如图1-7所示。看到这条视频之后，许多用户不禁惊呼：不愧是大胃王！这样一来，视频中人物的标签便树立起来了。

**图1-7 微信视频号"浪胃仙本仙"发布的短视频**

## 1.2 4种方法，提供参照

### 1.2.1 根据专长，直接定位

对于拥有自身专长的人来说，根据自身专长做定位是一种最直接和有效的定位方法。运营者只需对自己或团队成员进行分析，然后选择某个或某几个专长，进行账号定位即可。

例如，"小阿七"是一位拥有动人嗓音的音乐博主，所以，其将自己的账号定位为音乐作品分享类账号，她通过该账号重点分享了自己演唱的一些热门歌曲。

又如，擅长舞蹈的"代古拉k"拥有曼妙的舞姿，因此，她将自己的账号定位为舞蹈作品分享类账号。在这个账号中，"代古拉k"分享了很多舞蹈类视频，这些作品也让她快速积累了大量粉丝。

再如，微信视频号"钢琴课"的运营者擅长弹奏钢琴，因此，其账号名称中直接点出了"钢琴"这两个字。除此之外，他还发布了大量弹奏钢琴的视频，如图 1-8 所示。

**图 1-8　微信视频号"钢琴课"发布的相关视频**

自身专长包含的范围很广，除了唱歌、跳舞、弹奏乐器等才艺之外，还包括很多方面，就连游戏玩得出色也是一种专长。

例如，游戏《王者荣耀》的一名叫"张大仙"的主播，便将账号定位为自己玩该游戏视频分享的账号，并将账号命名为"荣耀张大仙"，然后在该账号中向用户分享了自己玩游戏的视频。

由此不难看出，只要运营者或其团队成员拥有专长，且该专长的相关内容又是用户比较关注的，那么，将该专长作为账号的定位，便是一种不错的选择。

## 1.2.2 稀缺内容，更有市场

运营者可以从微信视频号、公众号、小程序和朋友圈中相对稀缺的内容出发，进行账号定位。例如，运营者可以通过自身的内容展示形式，让自己的账号内容具有一定的稀缺性。其中比较具有代表性的当属微信视频号"吃货雪茸堂"和"会说话的二豆"。

"吃货雪茸堂"的定位是一个以分享美食制作为主的微信视频号。但与其他美食制作类账号不同的是，这个微信视频号制作的美食都特别大气。比如，这个账号会分享全羊、全牛的制作方法，如图 1-9 所示。

**图 1-9 微信视频号"吃货雪茸堂"发布的相关视频**

因为这个账号分享的美食制作的食材都是全羊、全牛等大件的食材，这些食材的成本相对来说比较高，所以，微信视频平台中很少会有类似的美食制作视频。这样一来，"吃货雪茸堂"的视频自然就具有了稀缺性，再加上许多人都有猎奇心理，因此，该账号想不受关注都难了。

微信视频号"会说话的二豆"是一个定位为分享两只小猫日常生活的账号，在这个账号中经常会发布以两只小猫为主角的视频。如果只是分享小猫的日常生活，那么，只要养了猫的微信视频号运营者都可以做。而"会说话的二豆"的独特之处就在于它结合小猫的表现进行了一些特别处理。

具体来说，当视频中的小猫张嘴叫出声时，该账号的运营者会同步配上一些字幕，如图 1-10 所示，这样一来，小猫要表达的就是字幕打出来的内容。而结合字幕和小猫在视频中的表现，就会让人觉得小猫们很调皮、可爱。

微信视频号平台上宠物类的视频不少，但是，像这种显得有些调皮、可爱的小猫却是比较少的，因此，这个定位为通过字幕分享小猫日常生活的账号，很容易就获取了许多人的持续关注。

图 1-10　微信视频号"会说话的二豆"发布的相关视频

## 1.2.3　用户需求，更受欢迎

通常来说，用户有需求的内容更容易受到欢迎。因此，结合用户的需求和自身专长进行定位也是一种不错的定位方法。

大多数女性都有化妆的习惯，但又觉得自己的化妆水平还不太高，因此，这些女性通常都会对美妆类内容比较感兴趣。在这种情况下，微信运营者如果对美妆内容比较擅长，那么，将账号定位为美妆号就比较合适了。

例如，微信公众号"认真少女颜九"的运营者本身就是入驻微博等平台的美妆博主，再加上许多用户对美妆类内容比较感兴趣，因此，她在自己的微信公众号中，为用户分享美妆类内容，如图 1-11 所示。

除了美妆之外，用户普遍需求的内容还有很多。美食制作便是其中之一。许多用户，特别是喜欢做菜的用户，通常都会从微信视频号、公众号、小程序和朋友圈中寻找一些新菜色的制作方法。因此，如果运营者自身就是厨师，或者会做的菜色比较多，又特别喜欢制作美食，那么，将账号定位为美食制作分享类就是一种很好的定位方法。

微信视频号"贫穷料理"就是一个定位为美食制作分享的账号。在该账号中，会通过视频将一道道菜色的制作过程进行全面呈现，如图 1-12 所示。

因为该微信视频号将各菜色的制作过程进行了比较详细的展示，再加上许多菜色都是微信视频号用户想要亲自制作的，所以，其发布的视频内容很容易获得大量播放和点赞。

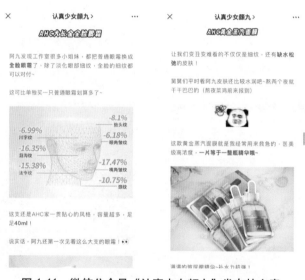

图 1-11　微信公众号"认真少女颜九"发布的文章

图 1-12　微信视频号"贫穷料理"发布的相关视频

### 1.2.4 品牌业务，体现特色

相信大家一看这一小节的标题就明白，这是一个微信企业号的定位方法。许多企业和品牌在长期发展过程中可能已经形成了自身的特色，此时，如果根据这些特色进行定位，通常会容易获得用户的认同。

根据品牌特色做定位又可以细分为两种方法：一种是以能够代表企业的物象做账号定位；另一种是根据企业或品牌的业务范围进行账号定位。

微信公众号"三只松鼠"就是经常用一个能够代表企业的物象做账号定位的账号，在这个微信公众号中会经常分享一些内容，而这些内容中会出现三只松鼠的卡通形象，如图 1-13 所示。

**图 1-13　微信公众号"三只松鼠"发布的文章**

熟悉"三只松鼠"这个品牌的人群，都知道这个品牌的卡通形象和 Logo 就是其发布内容中的这三只松鼠。因此，微信公众号"三只松鼠"的内容便具有了自身的品牌特色，而且这种通过卡通形象进行的表达还会更容易被人记住。

微信公众号"猫眼电影演出"则是一个以企业或品牌的业务范围做账号定位的代表。一看"猫眼电影演出"这个名字就知道，其主要是从事与电影相关的业务。因此，该微信公众号定位为电影信息分享的一个账号。如图 1-14 所示，为微信公众号"猫眼电影演出"发布的一篇文章，可以看到其中对上映电影的票务信息进行了告知。

**图1-14　微信公众号"猫眼电影演出"发布的文章**

## 1.3　创建账号，设置信息

在确定账号的定位之后，运营者还需要开通属于自己的账号，通过一些信息的设置，完成账号的创建，并打造好自己的账号名片。那么，如何开通账号？怎样设置账号信息呢？这一节笔者就来为大家进行介绍。

### 1.3.1　获得账号，开启运营

对运营者来说，要想开启运营之旅，首先还得有一个可以自主运营的账号。因此，运营者需要通过官方平台创建账号，获得账号的运营权。那么，如何创建属于自己的账号呢？下面笔者就以微信视频号为例对具体的操作步骤进行说明。

**步骤 01**　登录微信App，❶点击下方菜单栏中的"发现"按钮，进入"发现"界面；❷点击界面中的"视频号"一栏，如图1-15所示。

**步骤 02**　进入微信视频号的"推荐"界面，点击界面右上方的 图标，如图1-16所示。

**步骤 03**　操作完成后，进入账号后台界面，点击界面中的"发表视频"按钮，如图1-17所示。

**步骤 04**　进入"创建视频号"界面，运营者可以在该界面中设置账号的基本信息（系统会默认直接使用微信号的相关信息，如果运营者想要快速注册账号，只需默认设置即可）。❶勾选"我已阅读并同意《微信视频号运营规范》和《隐私说明》"复选框；❷点击"创建"按钮，如图 1-18 所示。

**步骤 05** 操作完成后，如果账号后台界面中出现微信视频号的账号信息，就说明账号创建成功了，如图 1-19 所示。

图 1-15 点击"视频号"一栏

图 1-16 点击 图标

图 1-17 点击"发表视频"按钮 图 1-18 "创建视频号"界面

图 1-19 账号创建成功

## 1.3.2 账号头像，事关门面

头像是一个账号的门面，许多用户看一个账号时，通常首先注意的是账号的头像，因此，账号的头像应该是美观大方的。

通常来说，运营者可以根据需要达到的目的设置账号的头像。如果运营者的运营重点是打造自身形象，可以将个人形象照设置为账号头像；如果运营者是以销售产品为主，可以将产品图片设置为账号头像。

那么，如何进行账号头像的设置呢？下面笔者就以微信视频号为例，对具体的操作步骤进行说明。

**步骤 01** 进入微信视频号的账号后台界面，点击"我的视频号"下方的账号头像一栏，如图 1-20 所示。

**步骤 02** 操作完成后，进入账号主页界面，点击界面中的 … 图标，如图 1-21 所示。

图 1-20 点击账号头像一栏　　　　图 1-21 点击 … 图标

**步骤 03** 进入"设置"界面，点击账号头像一栏，如图 1-22 所示。

**步骤 04** 操作完成后，进入"资料"界面，点击界面中的"头像"一栏，如图 1-23 所示。

图 1-22　点击账号头像一栏　　　　图 1-23　点击"头像"一栏

**步骤　05**　　操作完成后，弹出账号头像设置方式列表框。运营者可以选择通过"拍摄""从手机相册选择"或"使用微信头像"的方式，设置账号头像。以"从手机相册选择"设置头像为例，运营者需要做的就是点击"从手机相册选择"一栏，如图 1-24 所示。

**步骤　06**　　操作完成后，进入"最新项目"界面，在该界面中选择需要设置为账号头像的照片，如图 1-25 所示。

图 1-24　点击"从手机相册选择"一栏　　图 1-25　选择需要设置为账号头像的照片

**步骤 07** 进入账号头像设置界面，选择需要展示为头像的照片部分，点击"完成"按钮，如图 1-26 所示。

**步骤 08** 操作完成后，返回"资料"界面，如果界面中的头像变成了刚刚选择的照片，就说明账号头像设置成功了，如图 1-27 所示。

图 1-26　点击"完成"按钮

图 1-27　账号头像设置成功

在设置微信视频号头像时有两个基本的技巧，具体如下。

（1）头像一定要清晰。

（2）个人账号一般使用主播肖像作为头像。

（3）团体账号可以使用代表人物形象作为头像，或者使用公司名称、Logo 等。

### 1.3.3　账号名字，体现定位

运营者在设置账号名称时要注意：账号名字要有特点，而且最好和账号定位相关。那么，如何设置账号名字呢？

在微信视频号中有两种设置账号名字的方式，第一种是在"创建视频号"界面中直接设置；第二种是通过"资料"界面重新设置名字。下面笔者就以通过"资料"界面重新设置名字为例，对具体的操作步骤进行说明。

**步骤 01** 进入"资料"界面，点击"名字"一栏，如图 1-28 所示。

**步骤 02** 进入"修改名字"界面，在该界面中❶输入需要修改的名字；❷点击"完成"按钮，如图 1-29 所示。

图 1-28 点击"名字"一栏　　　图 1-29 "修改名字"界面

**步骤 03** 操作完成后，返回"资料"界面，如果"名字"一栏变成刚刚输入的名字，就说明账号名字设置成功了，如图 1-30 所示。

图 1-30 账号名字设置成功

需要特别说明的是，微信视频号的名字每年只能修改两次。因此，运营者如果要重新设置名字，还需要多加慎重。另外，运营者在设置账号名字时还需要掌握两个技巧，具体如下。

（1）名字不能太长，太长的话用户不容易记忆。

（2）最好能体现账号定位，让人一看到名字就知道账号的运营方向。

### 1.3.4　账号简介，要有特色

运营者在填写账号简介时，一定要尽可能地体现自身的特色。只有这样，你的简介内容才会对用户更具有吸引力。那么，如何进行账号简介的设置呢？下面笔者就以微信视频号为例，介绍账号简介的设置步骤。

**步骤 01**　进入"设置"界面，点击"简介"一栏，如图1-31所示。

**步骤 02**　进入"修改简介"界面，在界面中❶输入需要设置的简介内容；❷点击下方的"完成"按钮，如图1-32所示。

图1-31　点击"简介"一栏　　　　图1-32　修改简介

**步骤 03**　操作完成后，返回"资料"界面，如果此时"简介"一栏变为刚刚设置的简介内容，就说明账号简介信息设置成功了，如图1-33所示。

另外，简介设置成功之后，微信视频号主页中的简介内容也会同步更新，如图1-34所示。

图 1-33　账号简介设置成功　　　　图 1-34　主页账号简介内容同步更新

### 1.3.5　其他资料，自行设置

除了头像、名字和简介之外，运营者还可以对一些其他资料进行设置。以微信视频号为例，运营者还需要对账号运营者的性别和所在地区进行自主设置。

通常来说，系统会根据当前定位，自动选择账号的所在地区。因此，一般来说，账号所在地区不需要再另行设置。当然，如果运营者想将地区设置为其他地方就另当别论了。

接下来，我们就来看看账号运营者性别设置的基本方法。在微信视频号中有两种设置账号运营者性别的方式，一种是在"创建视频号"界面中进行设置；另一种是通过"资料"界面进行设置。下面笔者就来讲解通过"资料"界面设置账号运营者性别的步骤。

步骤　01　　进入"资料"界面，点击"性别"一栏，如图 1-35 所示。

步骤　02　　进入"设置性别"界面，在该界面中勾选对应的性别；点击右上方的"完成"按钮，如图 1-36 所示。

步骤　03　　操作完成后，返回"资料"界面，如果此时"性别"一栏变为刚刚勾选的性别选项，就说明账号运营者的性别设置成功了，如图 1-37 所示。

图 1-35 点击"性别"一栏

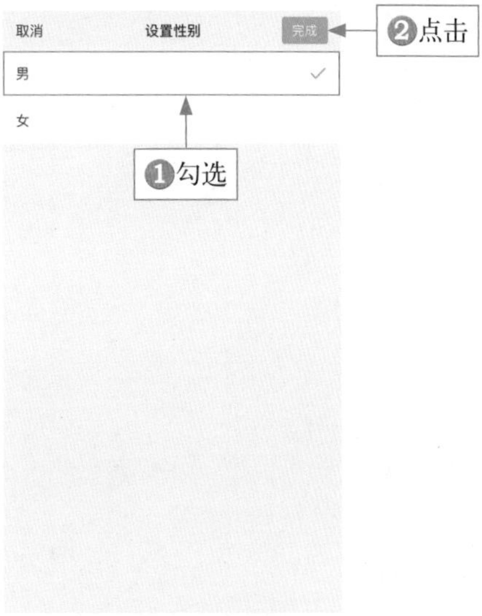

图 1-36 设置性别

图 1-37 账号运营者的性别设置成功

# 第2章

# 爆款打造，找准方法

**学前提示**

　　为什么运营者都想打造出爆款内容呢？主要是因为相比于一般内容，爆款内容能被更多的用户看到。而随着曝光次数的增加，内容也会更容易成为爆款。

　　爆款内容的打造，关键就在于寻找正确的打造方法，只要找到了正确的方法，爆款打造就相当于赢在了起点。

**要点展示**

▶　爆款视频，打造方法

▶　爆款内容，生产技巧

▶　热门视频，常见技巧

## 2.1　爆款视频，打造方法

微信视频号、公众号、小程序和朋友圈平台之所以能够吸引许多人的目光，主要是因为这些平台为用户提供了丰富的内容。那么，如何打造自己的爆款内容使之从丰富的内容中脱颖而出呢？本节就来为大家介绍一些方法。

### 2.1.1　5个原则，拍好视频

视频号、公众号、小程序和朋友圈已经在不知不觉中影响了很多人的生活，越来越多的用户离不开这些平台。而在这些平台中，短视频又是其中比较重要的内容形式。本节将介绍短视频的5个拍摄原则，帮助大家拍出更好的短视频。

#### 1．练好平稳运镜的基本功

在拍摄短视频，特别是快速的镜头运用时，如果画面不平稳，用户看起来会很吃力。为了让短视频中的画面显示更为平稳，大家在拍摄时最好将手臂伸直，想象你的手臂就是一个机械臂，保持平稳地运镜，让画面更加流畅。

运镜的主要技巧就是用手控制手机，手往哪边，手机就要往哪边移动。如果大家不知道该如何操作，建议在微信上搜索"运镜"查看相关文章，或者在微信视频号中搜索"运镜"查看相关短视频，并根据热门文章和视频内容练习一番，练好平稳运镜的基本功，如图2-1所示。

图 2-1　学习运镜技巧的热门内容

## 2. 确定好短视频内容风格

一般来说，运营者在短视频拍摄之前需要做好整体构思，确定好短视频的主体内容风格。例如，颜值高的用户，可以选择"刷脸""卖萌"或者"扮酷"来展现自己的优势；拥有一技之长的用户，可以充分利用短视频来展示自己的才华；擅长幽默搞笑的用户，则可以创作一些"戏精类"的内容，展示你的搞怪表演天赋。总之，不管是哪种风格，找到最适合自己的风格即可。

## 3. 用配乐卡好短视频节奏

在一些 App 中，运营者可以在拍摄短视频之前先设置好配乐。大家可以借助这些 App，选择节奏感较强的配乐卡好节拍。

如果是提前拍摄的视频，后期再配音，把握不好节点怎么办？很多用户有这样的烦恼，因为有一些背景音乐是存在转折点的，如果自己的动作或场景切换等和这些音乐节点合不上怎么办？方法是拍摄时间长一点的视频，尽量使得节点位置在中间，这样视频前面和后面的内容可以剪掉一些，保证节点不消失。

卡节拍的方法有很多，可以用配乐和动作卡节拍，也可以用转场卡节拍，只要节拍卡得好，视频也能获得很好的观赏效果。因此，节奏的把握非常重要，用户可以多观察热门的短视频内容，借鉴他们的经验来提高自己作品的质量。下面介绍两个卡短视频节奏的技巧。

（1）尽量把动作放在音乐节奏的重音上面。

（2）要挑选和视频内容相符的音乐。

例如，如果音乐中有开枪的声音，在拍摄短视频时也需要做出打枪的动作；如果有翻书的声音，在拍摄短视频时也跟着做翻书的动作。当然，声音和动作不一定要配合一致，也就是说有翻书的声音不一定非要做翻书的动作，也可以是和翻书同频率地抖肩。这一部分的关键还是配合音乐，卡好你的动作。

## 4. 转场时参照物保持不变

短视频可以分段拍摄，其中段落与段落、场景与场景之间的过渡或转换，就叫作转场。我们经常看到很多"变装"和化妆之类的短视频，这些短视频都需要用到转场技巧。其中比较简单易学的转场方法就是用手或其他顺手的东西去遮挡镜头，再挪开，这种转场比较适合化妆类短视频的拍摄。

具体的操作方法为：开始拍摄一段人物画面，然后用手遮挡镜头并暂停拍摄；接着完成妆容，再把手放回摄像头的位置，点击继续拍摄，最后把手挪开，拍摄化妆后的人物画面效果。

在视频转场时，除了你要变换的东西以外，其他参照物尽量保持不变。如果参照物是人，那么，这个人的表情、动作和拍摄角度，在画面中占的比例都要尽量保持不变。如果用户想作出"秒换服装"的效果，就必须做到除了服装款式以外，屏幕内的其他元素都不变，包括本人的动作表情之类的元素。同样，如果用户想换一个背景，就将上一个场景的最后一个动作作为下一个场景的开始动作来继续拍摄。

例如，用户在上一个场景结束时，伸出右手手掌，从右往左平移到中间挡住摄像头，然后视频暂停；那么，用户在拍摄下一个场景时，就要从右手手掌在中间挡住摄像头的这个画面开始继续拍摄。

上面这几种方法都是比较基础和简单的，用户可以结合运镜达人的视频，多模仿、多练习。同时，用户还可以更换例子里面的元素，利用好分段拍摄的功能，作出更多酷炫的效果。

### 5．善于运用小道具和后期

一段普通的短视频很容易被淹没，若想获得更多的关注，一定要提高视频质量和品位，这就需要更复杂的后期玩法了。除了前期的拍摄外，视频的呈现效果还取决于善于运用道具、滤镜和后期，所以短视频运营的成功也是来之不易的。

许多拍摄类 App 中都有专门的道具和特效板块，大家可以根据视频内容或者自己的喜好，选择相应的道具和特效类型进行短视频内容的拍摄。

道具和特效的正确配合，可以对短视频起到很好的点缀和优化作用。另外，每种特效里面也有很多种选择，用好这些后期特效也能带来意想不到的效果，而且还可以利用道具和特效来掩盖拍摄中的瑕疵。总之，开动脑筋，先构思好你的剧本，再用前面说的技巧玩出花样，相信你很快就能制作出自己意想不到的短视频作品。

## 2.1.2　7个技巧，必须掌握

在拍摄短视频的过程中，大家可以通过视频拍摄的快慢、视频编辑和特效等技术让作品更具创造性，而不是简单地拍摄对嘴型短视频。下面介绍短视频的 7 个拍摄技巧，帮助大家方便、快捷地制作出更加优质的短视频内容。

### 1．远程控制暂停更方便

在拍摄时，如果手机摆放位置比较远，此时用户可以利用"倒计时"功能来远程控制暂停录制。在拍摄界面点击"倒计时"按钮，比如要拍摄 10s 就暂停，可以将暂停拉杆拖到 10s 的位置处。然后点击"开始拍摄"按钮，当拍摄到第 10s 的时候就会自动暂停。

### 2. 调整合适的快慢速度

用户在使用拍摄类 App 拍摄短视频时，不仅可以选择滤镜和美颜等，还可以自主调节拍摄速度。快慢速度调整就是让音乐和视频更加匹配。如果选择"快"或者"极快"，拍摄的时候音乐就会放慢，相应的视频成品中的画面就会加快；反之，如果选择"慢"或者"极慢"，拍摄时的音乐就会加快，成品中的画面就会放慢。

快慢速度调整功能有助于大家找准节奏，一方面，可以根据自己的节奏做对应的舞蹈和剪辑创作，会使拍摄过程更舒服；另一方面，不同的拍摄节奏也会大大降低内容的同质化，即使是相似的内容，不同的节奏所展现出的效果也是截然不同的。

如果放慢了音乐，能更清楚地听出音乐的重音，也就更容易卡好节拍。这就降低了用户使用的门槛，让一些没有经过专业训练的人也能轻松卡好节拍。如果加快了音乐，相应地放慢了你的动作，最后的成品也会有不一样的效果。配合后面要说的分段拍摄，控制好你的快慢节奏，也会有不错的效果。

### 3. 分段拍摄视频更有创意

抖音可以分段拍摄短视频，也就是你可以拍一段视频暂停之后再拍下一段，最后拼在一起形成一个完整的视频。只要两个场景的过渡转场做得足够好，最终视频的效果就会很酷炫。

### 4. 防止抖动保证对焦清晰

手抖是很多视频拍摄者的致命伤，在拍摄视频时，千万注意手不能抖，要时刻保持正确的对焦，这样才能拍摄出清晰的视频效果。为了防止抖动，用户可以将手机放在支架上，必要时可以使用自拍杆。

### 5. 注意光线增强画面美感

拍摄短视频时光线十分重要，好的光线布局可以有效地提高画面质量。尤其是在拍摄人像时要多用柔光，会增强画面美感，要避免明显的暗影和曝光。如果光线不清晰，可以手动打光，灯光打在人物的脸上或用反光板调节。同时，用户还可以用光线进行艺术创作，比如用逆光营造出缥缈、神秘的艺术氛围。

在光线不好的地方，尤其是晚上光线昏暗一些的时候，拍照时经常会遇到这样的情况，用带滤镜的 App 拍照，画面非常模糊，此时可以开启闪光灯功能进行拍摄。

### 6．选对视频拍摄的分辨率

在使用其他相机拍摄视频时，一定要选对文件格式，将分辨率调到最高水平。同时，注意将"录像码率"设置为"高"，可以得到更好的视频画质。"码率"就是视频的取样率，单位时间内取样率越大，精度就越高，拍摄出来的视频文件就越接近原始文件。

### 7．做好短视频场景的切换

大家在拍视频前，应先想好自己的主题，然后想想在此主题下可以在哪些场景进行拍摄。即使是同一个场景，用户也可以不失时机地换个背景，还可以从远处将镜头拉近，或者可以从近处将镜头拉远，甚至可以斜着拍，来避免视频过于单调，让视频画面更加生动。当然，你也可以选择在同一个场景内加入或更换一些道具，这些小细节往往会带来意想不到的效果。

## 2.1.3  4 大要求，热门必备

对于热门的内容，微信视频号、公众号都作出了一些要求。下面就以微信视频号为例，对相关的要求进行具体说明。

### 1．个人原创内容

微信视频号上热门的第一个要求就是：视频必须为个人原创。很多人在开始做微信视频号运营时，不知道拍摄什么内容，其实这个内容的选择没那么难，大家可以从以下几方面入手。

（1）可以记录你生活中的趣事。

（2）可以学习热门的舞蹈、手势舞等。

（3）配表情系列，利用丰富的表情和肢体语言。

（4）旅行记录，将你所看到的美景通过视频展现出来。

另外，我们也可以换位思考一下，如果我是粉丝，那么，我希望看到什么内

容？即使不换位思考，也可以回顾一下，我们在看微信视频号的时候爱看什么样的内容？搞笑的肯定是爱看的，如果一个人拍的内容特别有意思，用户通常会点赞和转发，还有情感的、励志的"鸡汤"等内容，如果运营者发布的内容能够引起用户的共鸣，那用户也会愿意关注你的账号。

上面这些内容属于广泛关注的，还有细分的。例如，某个用户正好需要买车，那么关于鉴别车辆好坏的视频就成为他关注的内容了；再如，某人比较胖，想减肥，那么减肥类的视频，他也会特别关注。所以，这就是我们关注的内容，同样也是创作者应该把握的原创方向。

### 2．视频完整度

在创作短视频时，即便只有短短十几秒，甚至是几秒，也一定要保证视频时长和内容完整度。保证视频时长才能保证视频的基本可看性，完整地演绎内容才有机会上热门推荐。如果你的内容卡在一半就结束了，用户看到是会难受的。

### 3．没有产品水印

微信视频号中的热门视频不能带有其他 App 水印，如果在微信视频号中发布带有其他 App 水印的短视频，那么，发布的短视频内容将被限制传播。

### 4．高质量的内容

即使是微信视频号这样追求拍摄质量的平台，内容也永远是最重要的，因为只有吸引人的内容，才能让人有观看、点赞和评论的欲望。想要上热门，肯定要有好的作品质量，视频清晰度要高。微信视频号吸引粉丝是个漫长的过程，所以大家要循序渐进地制作一些高质量的视频，学会维持和粉丝的亲密度。多学习一些比较火的视频拍摄手法及选材，相信通过个人的努力，你也能拍摄出火爆的短视频。

## 2.1.4 8大内容，更易引爆

做内容运营，一定要对那些爆款产品时刻保持敏锐的嗅觉，及时研究、分析、总结他们成功的原因。不要一味地认为那些成功的人都是运气好，而是要思考和总结他们是如何成功的。

多积累成功的经验，站在"巨人的肩膀"上运营，才能看得更高、更远，更容易超越他们。下面总结了 8 大热门内容类型，大家在运营微信视频号、公众号、小程序和朋友圈时可以适当地进行参考。

### 1．高颜值

为什么把"高颜值"的帅哥美女摆在第一位呢？笔者总结这一点的原因很简单，就是因为在快手、抖音平台上，许多账号运营者是通过自身的颜值来取胜的。

以抖音为例，根据 2020 年 6 月 12 日的数据显示，抖音粉丝排行第一名、第二名的分别是"人民日报"和"央视新闻"。明星陈赫的粉丝量排在第三位，他的粉丝数量达到 6800 多万，而且获得的点赞量也达到了 4.5 亿，毫无疑问，他的粉丝黏性是非常高、非常活跃的，如图 2-2 所示。而陈赫的颜值也是比较高的，这就说明颜值是能对用户产生一定影响力的。

**图 2-2　"高颜值"的主播非常容易吸粉**

在他后面，粉丝数前十的还包括其他几个颜值比较高的明星。也就是说，抖音粉丝前十的账号，"高颜值"类的就占据了半壁江山。

由此不难看出，颜值是抖音营销的一大利器。只要长得好看，即便没有过人的技能，随便唱唱歌、跳跳舞拍个视频也能吸引一些粉丝。这一点很好理解，毕竟谁都喜欢好看的东西。很多人之所以刷抖音，并不是想通过抖音学习什么，而是借助抖音打发一下时间，在他们看来，看一下帅哥、美女本身就是一种享受。

抖音平台如此，微信视频号自然也是如此。毕竟高颜值的美女帅哥比一般人更能吸引用户的目光。因此，当微信视频号的内容中有美女帅哥出镜时，自然就能获得更多的流量，而这样一来内容也更容易上热门。

### 2．萌娃萌宠萌妹子

"萌"往往和"可爱"这个词联系在一起，而许多可爱的事物都是人见人爱的。所以，许多微信视频号用户在看到呆萌可爱的事物时，都会忍不住想要多看几眼。在微信视频号中，根据展示的对象，可以将萌分为 3 类，一是萌娃；二是萌宠；三是萌妹子。下面分别进行分析。

1）萌娃

萌娃是深受用户喜爱的一个群体。萌娃本身就很可爱，他们的一些行为举动也让人觉得非常有趣，所以，与萌娃相关的视频，很容易就能吸引用户的目光。

2）萌宠

萌不是人的专有名词，小猫、小狗等可爱的宠物也是很萌的。许多人之所以养宠物，就是觉得萌宠们特别惹人怜爱。如果能把宠物日常生活中惹人怜爱、憨态可掬的一面通过视频展现出来，就能吸引许多微信视频号用户，特别是喜欢萌宠的用户前来围观。

也正是因为如此，抖音上兴起了一大批萌宠"网红"。例如，"会说话的刘二豆"抖音粉丝数超过4300万，内容以记录两只猫在生活中遇到的趣事为主，视频中经常出现快手、抖音上的"热梗"，配以"戏精"主人的表演，给人以轻松愉悦之感。

相比于抖音，微信视频号的起步要晚一些。因此，同样的内容，在微信视频号上获得的流量可能会比抖音上少一些。可即使如此，也有一部分微信视频号运营者借助萌宠类内容，吸引了许多微信视频号用户的眼球，如图2-3所示。

图2-3 微信视频号上的萌宠短视频

微信视频号中萌宠类运营者的数量不少，运营者要想从中脱颖而出，得掌握一些内容策划的技巧，具体如下。

（1）让萌宠人性化。比如，可以从与萌宠的日常生活中，找到它的"性格特征"，并通过剧情的设计，对萌宠的"性格特征"进行展示和强化。

（2）让萌宠拥有特长。比如，可以通过不同的配乐，展示宠物的舞姿，把宠物打造成舞王。

（3）配合宠物演戏。比如，可以拍一个萌宠的日常，然后通过后期配音，让萌宠和主人"说话"。

3）萌妹子

萌妹子们身上统统会自带一些标签，如爱撒娇、天然呆、温柔、容易害羞等。在这些标签的加持之下，微信视频号用户在看到视频中的萌妹子时，往往会心生怜爱和保护之情。

快手抖音上的各种萝莉都非常火，她们不仅有着非常性感迷人的身材，而且风格很二次元，经常穿着"lo服"，甜美的造型加上萌妹的身材，很受宅男网友的欢迎。例如，"蔡萝莉"凭借好身材、高颜值以及模仿各种类型人物，在快手、抖音上受到了极大的关注。如图2-4所示，为抖音号"蔡萝莉"发布的相关短视频。

**图2-4　抖音号"蔡萝莉"发布的相关短视频**

微信视频号和抖音有一些相似之处，可爱的萌妹子，既然在抖音上能够吸引很多目光，那么，在微信视频号上同样也可以吸引众多目光。毕竟谁会介意在刷视频的过程中多看几眼可爱的萌妹子呢？

**3. 才艺展示**

才艺包含的范围很广，除了常见的唱歌、跳舞之外，还包括摄影、绘画、书法、演奏、相声、脱口秀等。只要视频中展示的才艺足够独特，并且能够快速地让抖音用户觉得赏心悦目，那么，视频很容易就能上热门。下面分析和总结了一些微信视频号大 V 们不同类型的才艺内容，看看他们是如何成功的。

1）演唱才艺

例如，小阿七不仅拥有较高的颜值，而且歌声非常好听，还曾在各种歌唱节目中展示非凡的实力，这也让小阿七快速地成为一个知名的网红和歌手。

2）舞蹈才艺

"代古拉 k"给微信视频号用户留下深刻记忆的除了她动感的舞蹈外，还有单纯美好的甜美笑容。"代古拉 k"的真名叫代佳莉，是一名职业舞者，她拍的舞蹈视频很有青春活力，给人朝气蓬勃、活力四射的感觉，跳起舞来更是让人心旌荡漾。如图 2-5 所示，为微信视频号"代古拉 k"发布的相关短视频。

**图 2-5  微信视频号"代古拉 k"发布的相关短视频**

3）演奏才艺

对于一些学乐器的，特别是在乐器演奏上取得了一定成就的微信视频号运营者来说，展示演奏才艺类的视频内容只要足够精彩，便能快速地吸引大量微信视频号用户的关注。如图 2-6 所示，为两条通过演奏才艺来吸引微信视频号用户关注的微信视频号短视频。

**图 2-6　通过演奏才艺吸引关注**

才艺展示是塑造个人 IP 的一种重要方式。而 IP 的塑造，又可以吸引大量精准的抖音粉丝，为 IP 的变现提供了良好的前景。因此，许多拥有个人才艺的微信视频号运营者，都会注重通过才艺的展示来打造个人 IP。

## 4．美景美食

从古至今，有众多关于"美"的话题，如沉鱼落雁、闭月羞花、倾国倾城等，除了表示漂亮外，还附加了一些漂亮所引发的故事在内。可见，颜值高，还是有一定影响力的，有时甚至会起决定作用。

这一现象同样适用于微信视频号、公众号、小程序和朋友圈的内容打造。当然，这里的"美"并不仅仅是指人，它还包美景、美食等。大家可以通过在短视频中将美景和美食进行展示，让微信视频号、公众号、小程序和朋友圈用户共同欣赏。

从人的方面来说，除了先天条件外，想要变美，有必要在自己所展现出来的形象和妆容上下功夫：让自己看起来显得精神，有神采，而不是一副颓废的样子，这样也能明显提升颜值。

从景物、食物等方面来说，是完全可以通过其本身的美再加上高深的摄影技术来实现的，如精妙的画面布局、构图和特效等，就可以打造一个高推荐量、播放量的短视频文案。如图 2-7 所示，为有着高颜值的美景、美食微信视频号短视频内容。

短视频同款为城市找到了新的宣传突破口，城市中每个具有代表性的吃食、建筑和工艺品都被高度地提炼，配以特定的音乐、滤镜和特效，打造一个个视频，并在短视频中设置地点。微信视频号用户看到短视频之后，如果想要亲自体验，就会到对应的地点进行打卡。

图 2-7　美景、美食微信视频号短视频

## 5. 技能传授

许多微信视频号用户是抱着猎奇的心态刷短视频的。那么，什么样的内容可以吸引这些微信视频号用户呢？其中一种就是技能传授类的内容。

因为微信视频号用户看到自己没有掌握的技能时，会感到不可思议，并且想要通过短视频学会该技能。技能包含的范围比较广，既包括各种绝活，也包括一些小技巧。如图 2-8 所示，为展示食物剥皮技巧的微信视频号短视频。

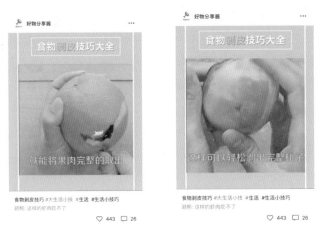

图 2-8　展示食物剥皮技巧的微信视频号短视频

很多技能都是长期训练之后的产物，普通用户可能不能轻松地掌握。其实，除了难以掌握的技能之外，大家也可以在微信视频号、公众号、小程序和朋友圈中展示一些用户学得会、用得着的技能。比如，一些曾在抖音中爆红的整理技能便属于此类，如图 2-9 所示。

与一般的内容不同，技能类的内容能让一些用户觉得像是发现了一个新大陆。因为此前从未见过，所以会觉得特别新奇。如果觉得内容中的技能在日常生活中用得上，用户就会收藏，甚至还会将内容转发给自己的亲戚朋友。因此，只要大家在内容中"炫"的技能在用户看来是实用的，那么，内容的点击量通常会比较高。

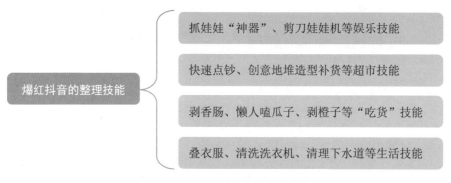

图 2-9　爆红抖音的整理技能示例

### 6.幽默搞笑

幽默搞笑类的内容一直都不缺观众。许多用户之所以经常刷微信视频号，主要就是因为微信视频号中有很多短视频内容能够逗人一笑。所以，那些笑点十足的短视频内容，很容易在微信视频号中被引爆。

如图 2-10 所示，为一条微信视频号短视频的相关画面。在该短视频中，一只兔子对另一只兔子说：你不要吃了，又胖了。谁知另一只兔子听到后却表示：自己吃的又不是前面那只兔子家里的东西，并且"瘦"字用的是"病字旁"，"病字旁"代表的是病态；但"胖"字用的是"月字旁"，而"肝脏""脾""肺"等代表脏器的汉字都是"月字旁"，这样看来胖比瘦更健康。这番言论本来就具有一定的趣味性，再加上该短视频给两只兔子添加了配音，所以，整个短视频就显得比较搞笑了。

**图 2-10 幽默搞笑型短视频**

## 7. 信息普及

有时候专门拍摄短视频内容比较麻烦，如果微信视频号运营者能够结合自己的兴趣爱好和专业打造短视频内容，就大众都比较关注的一些方面进行信息的普及，那么，短视频的制作就会变得容易得多。而且如果觉得你普及的内容具有收藏价值，用户也会很乐意给你的短视频点赞。

例如，微信视频号"生哥音乐"主要是对音乐进行普及；微信视频号"小白手机摄影"主要是对摄影技巧进行普及。因为音乐和摄影都有广泛的受众，而且其分享的内容对于用户来说也比较有价值。因此，这两个微信视频号发布的短视频内容都得到了不少用户的支持。如图 2-11 所示，为这两个微信视频号发布的短视频。

**图 2-11 普及推广型短视频**

### 8．知识输出

如果用户看完你的内容之后，能够获得一些知识，那么，用户自然会对你发布的内容更感兴趣。

许多人觉得英语学习起来比较难，也很难对它提起兴趣，而微信视频号"大高教英语"便是通过发布英语教学类短视频，来进行知识输出的。如图 2-12 所示，为微信视频号"大高教英语"发布的相关短视频。

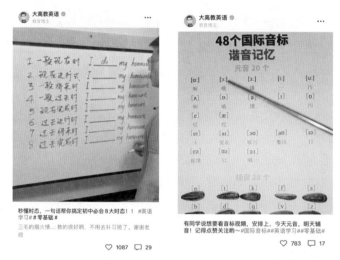

图 2-12　微信视频号"大高教英语"发布的相关短视频

## 2.2　爆款内容，生产技巧

要想打造出爆款视频，还得掌握内容生产的技巧。这一节重点为大家介绍 5 种内容生产技巧，让大家可以更好、更快地打造出爆款内容。

### 2.2.1　根据定位，原创内容

原创法就是自主制作内容，生产原创内容。如果大家对某方面的内容比较专业，并且有能力长期输出原创内容，那么，便可以根据自身的账号定位，并借助原创法来生产内容。

例如，微信公众号"手机摄影构图大全"就是通过持续产出原创手机摄影技巧内容来吸引粉丝关注的。如图 2-13 所示，为微信公众号"手机摄影构图大全"发布的部分原创文章。

图 2-13 微信公众号"手机摄影构图大全"发布的部分原创文章

## 2.2.2 搬运素材，进行改编

需要借用他人的素材时，如果直接将视频搬运过来，并发布到微信视频号平台上，不仅没有原创性，而且还存在侵权的风险。所以，在生产短视频时，如果需要借用他人的素材，一定要将视频搬运过来之后，进行适当的改编，从而在原视频的基础上，增加自身的原创内容，避免侵权。

如图 2-14 所示的短视频中，就是在搬运《熊出没》视频的基础上，对视频进行了重新配音，并配备了对应的字幕。因为视频本身就具有一定的趣味性，再加上后期的搞笑方言配音，所以，微信视频号用户看到之后觉得非常有趣，便纷纷点赞、评论。于是，这一条运用搬运法打造的视频很快就火了。

需要特别注意的是，最好不要搬运他人在其他平台上发布的视频，更不要将他人在其他平台上发布的视频搬过来直接发布。如果微信视频号运营者将搬运的带有水印和 Logo 的短视频发布到微信视频号中，那么，可能会收到一条该短视频将被限制传播的通知，如图 2-15 所示。

这样一来，微信视频号用户一看就知道你是直接搬运其他平台的短视频。而且对于这种直接搬运他人视频的行为，微信视频号平台也会进行限流。因此，这种直接搬运他人的视频基本上是不可能成为爆款视频的。

熊熊搞笑
数学天才2
送你五个字
#编辑搞笑视频
47 3
熊熊搞笑
数学天才2
一派胡言
#编辑搞笑视频
47 3

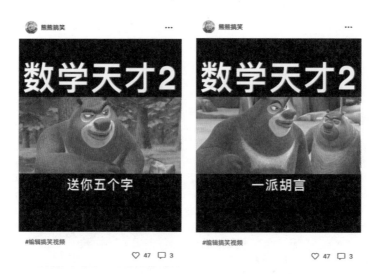

图 2-14　在搬运视频中加入方言配音和字幕

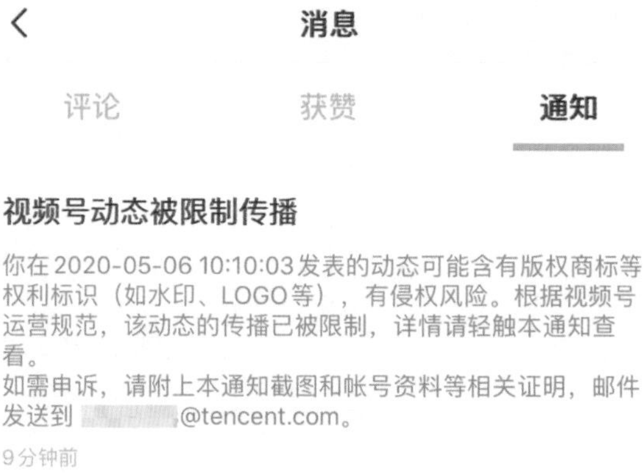

消息
评论
获赞
通知
视频号动态被限制传播
你在2020-05-06 10:10:03发表的动态可能含有版权商标等权利标识（如水印、LOGO等），有侵权风险。根据视频号运营规范，该动态的传播已被限制，详情请轻触本通知查看。
如需申诉，请附上本通知截图和帐号资料等相关证明，邮件发送到 @tencent.com。
9分钟前

图 2-15　短视频被限制传播的通知

### 2.2.3　模仿热门，借势热点

模仿法就是根据其他平台上已发布的短视频依葫芦画瓢地打造自己的视频。这种方法常用于已经形成热点的内容。因为热点一旦形成，模仿与热点相关的内容，会更容易获得用户的关注。

比如，2019 年 12 月，随着歌曲《火红的萨日朗》走红，快手、抖音上出现了“# 草原最美的花 #”这个热门话题，许多人在该话题下以这首歌为背景音乐跳起了舞，而且舞姿基本都是统一的。看到该话题的热度之后，许多微信视频

号运营者在获得内测资格之后，便发布了跳该舞蹈的短视频，如图 2-16 所示。这便是运用模仿法拍摄短视频。

**图 2-16 运用模仿法拍摄的短视频**

## 2.2.4 嵌套模板，输出内容

对于一些大家熟悉的桥段，或者已经形成了模板的内容，运营者只需在原有模板的基础上嵌套一些内容，便可以快速生产出原创短视频。

看过《夏洛特烦恼》这部电影的微信视频号用户肯定对该电影中的一个桥段记忆深刻。那就是男主角在向楼下一个大爷询问女主角是否住在楼上时，大爷记不住"马冬梅"这 3 个字，所以，反而问男主角："马冬什么？""什么冬梅？""马什么梅？"

也正是因为如此，微信视频号"点子王"便将该桥段作为模板，在保持原有台词不变的基础上，将电影中男主角的画面，改成自己处境的画面，而电影中楼下大爷的画面则不作处理。经过这样的处理之后，这位微信视频号运营者便在原有模板的基础上，生产出原创短视频。

这种内容打造方法的优势在于，微信视频号运营者只需将自身的视频内容嵌入模板中就能快速打造出一条新视频，而且新增的内容与模板中原有的内容还能快速产生联系。

### 2.2.5 热点扩展，适当延伸

对于微信视频号运营者来说，在他人发布的内容的基础上，适当地进行延伸，从而产出新的原创视频，也是一种不错的内容生产方法。与模仿法相同，扩展法参照的对象也以各短视频平台上的热点内容为佳。

比如，有一段时间《牧马人》这部电影突然在快手、抖音上火了，许多人对电影中的"老许，你要老婆不要……只要你开金口，我等会儿就给你送过来"这一段台词记忆深刻。于是，许多微信视频号运营者，开始结合这句台词，根据自身情况，打造了关于"老×，你要××不要……只要你开金口，我等会儿就给你送过来"的短视频。也就是用自己身边的人，代替电影中的老许，并将电影台词中的"老婆"换成其他事物。

这种视频透露着幽默搞笑的成分，同时又与大多数人的现实相关，于是快速地吸引了一些微信视频号用户的围观。

## 2.3 热门视频，常见技巧

虽然每天都有成千上万的运营者将自己精心制作的内容上传到各大视频平台上，但被标记为精选和上了热门的视频却寥寥无几，那么，到底什么样的视频可以成为热门视频呢？本节将介绍微信视频号短视频上热门的常见技巧。

### 2.3.1 积极乐观，传达能量

微信视频号运营者在短视频中要体现出积极乐观的一面，向用户传达正能量。什么是正能量？百度百科给出的解释是："正能量指的是一种健康乐观、积极向上的动力和情感，是社会生活中积极向上的行为。"接下来从 3 个方面结合具体案例进行解读，让大家了解什么样的内容才是正能量的。

#### 1. 好人好事

好人好事包含的范围很广，它既可以是见义勇为，为他人伸张正义；也可以是拾金不昧，主动将财物交还给失主；还可以是看望孤寡老人，慰问环卫工人，如图 2-17 所示。

微信视频号用户在看到这类视频时，会从那些做好人好事的人身上看到善意，感觉到这个社会的温暖。同时，这类视频很容易触及微信视频号用户柔软的内心，让其看后忍不住想要点赞。

还记得这位孤寡老爷爷吗？今天来看看他老人家，慰问
一下，希望爷爷好好的，祝爷爷笑口常开，健康长寿！#
正能量##热门#

原来木雕直供这么便宜，可惜只有少数人知道

♡ 50    ▢ 3

**图 2-17    做好人好事的短视频**

## 2．文化内容

文化内容包含了书法、乐趣和武术等。这类内容在微信视频号中具有较强的号召力。如果微信视频号运营者有文化内容方面的特长，可以用短视频的方式展示给微信视频号用户，让其感受到文化的魅力。

如图 2-18 所示的微信视频号短视频中，便是通过展示书法让用户感受文化魅力的。

毛笔小楷书法，喜欢关注一下，谢谢！#书法
#

苏州市
水墨禅心齐砚...：好

♡ 630    ▢ 64

**图 2-18    展示文化内容的短视频**

### 3．努力拼搏

当微信视频号用户看到短视频中那些努力拼搏的身影时，会感受到满满的正能量，这会让微信视频号用户在深受感染之余，从内心产生一种认同感。而在微信视频号中表达认同最直接的方式就是点赞，因此，那些传达努力拼搏精神的短视频，通常比较容易获得较高的点赞量。

如图 2-19 所示，为一条关于努力拼搏、奋勇向前的微信视频号短视频。许多对自己的工作和前途感到迷茫的微信视频号用户看到该短视频之后，找到了奋勇向前的力量和努力拼搏的动力，于是纷纷为该短视频点赞。

图 2-19　展示努力拼搏的短视频

下一小节我们会讲到美好生活。在这里简单介绍一下"正能量"和"美好生活"的区别。通常来讲，"正能量"都是对"美好生活"的体现，但是，却不是所有的"美好生活"都能体现出"正能量"。

举个简单的例子，一只可爱的小狗，就能算是"美好生活"的一种体现，但它却不能体现出正能量。当然，如果这只小狗在寒冷的冬天，还待在门口，等待主人的归来，那这件事便有了"正能量"。

## 2.3.2　分享展示，美好生活

生活中处处充满美好，缺少的只是发现美好的眼睛。用心记录生活，生活也会时时回馈你惊喜。下面我们来看看微信视频号上的达人是如何拍摄平凡的生活片段，来赢得大量粉丝关注的。

有时候我们在不经意间可能会发现一些平时看不到的东西，或者是创造出一些新事物。此时这些新奇的事物可能会显得非常美好。例如，有的微信视频号运营者用红蜡和树枝制作了一些插花，并用其装点了屋子，这便属于自己创造了生活中的美好，如图 2-20 所示。

听说这是蜡梅？

♡ 12 ▢

**图 2-20　创造生活中的美好**

生活中的美好涵盖的面非常广，一些简单的快乐也属于此类。例如，一个生活在城市的孩子，偶尔体验一下农村的生活，和家人一起去山里挖竹笋，脸上就露出了开心的笑容，这就属于一种简单的快乐。

### 2.3.3　设计剧情，增加反转

拍摄微信视频号短视频时，出人意料的反转往往能让人眼前一亮。在拍摄时要打破惯性思维，使用户在看开头时猜不透结局的动向，当看到最终结果时，便会豁然开朗，忍不住为其点赞。

例如，一位女士在闺蜜面前看着好像什么都不在乎似的。闺蜜向她借口红涂一下，她并没有因为这是私人用品就不借，而是说随便拿；闺蜜借了钱没还，她说没关系，不用还了；闺蜜抢了她的男朋友，她非但不生气，还祝闺蜜和自己的男朋友百年好合。

看到这位女士的上述表现之后，许多人都认为这位女士很好说话，毕竟上面几件事无论哪一件发生在自己身上，都会生气，但这位女士看上却满不在乎。

然而谁也没有想到的是，当这位女士的快递送到之后，她的闺蜜说帮她拆了，这位女士却马上变了脸色，一下子满脸怒气。也就是这一下，剧情马上出现了反转。

这个短视频的反转剧情之所以能获得许多用户的点赞，主要就是因为闺蜜私拆自己的快递,与闺蜜用自己的口红、借了钱不还和抢了自己的男朋友相比,似乎并不算是什么大事。但是却没想到,就是这看起来不起眼的事,却触碰了这位女士的底线。因此,这个短视频的反转也出乎许多人的意料。

### 2.3.4 奇思妙想,融入创意

在微信视频号上,那些具有奇思妙想的短视频内容从来不缺少粉丝的点赞和喜爱。因为这些短视频都体现出微信视频号运营者的创意,让用户看完之后,感觉到奇妙,甚至是神奇。

微信视频号运营者可以结合自身优势,打造视频创意。例如,一名擅长雕花的运营者,拍摄了一条展示木雕作品的短视频。微信视频号用户在看到该短视频之后,因其独特的创意和高超的技艺而纷纷点赞,如图 2-21 所示。

**图 2-21 展示创意木雕**

除了展示各种技艺之外,短视频运营者还可以通过奇思妙想,打造一些生活小妙招。例如,一位微信视频号运营者通过展示搬家整理小技巧,获得了大量点赞,如图 2-22 所示。

创意类内容还包括一些脑洞大开的段子、搞笑视频、日常生活中的创意等,这些内容中出其不意的反转格外吸睛,即使是相似的内容,也能找到不同的笑点。

用户产生点赞的行为通常有两个出发点,一种是对视频内容的高度认可和喜欢,另一种是害怕以后再也刷不到这条视频了,所以要进行收藏。搞笑视频则更偏向于前者，分享门槛低，可以说是最容易激起用户转发欲望的一种视频类型了。

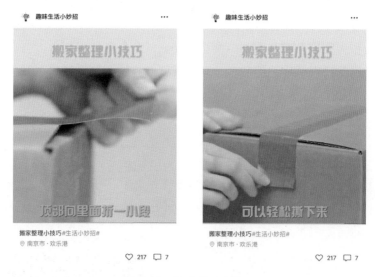

图 2-22　搬家整理小技巧

### 2.3.5　紧跟话题，丰富玩法

很多视频号用户发布的内容都是原创的，制作方面也花了不少心思，但是却得不到系统的推荐，点赞和评论都很少，这是为什么呢？

其实一条视频想要在视频号上火起来，除"天时、地利、人和"以外，还有两个重要的"秘籍"，一是要有足够吸引人的全新创意，二是内容的丰富性。要做到这两点，最简单的方法就是紧抓热点话题，丰富自己账号的短视频内容形式，发展更多的创新玩法。

具体来说，紧跟热门话题有两种方法，一种方法是根据当前发生的大事、大众热议的话题，打造内容。

例如，有段时间网课特别火，老师们被逼无奈纷纷当起了"网络主播"，而学生们也得乖乖按时上网课。一位微信视频号运营者就紧抓这一热点在微信视频号上发布了一条吐槽的短视频，视频内容就是老师和学生在上了一段时间的网课之后，心态发生了变化，都希望能早点开学，去教室上课。

另一种方法是，根据其他平台的热门话题来打造内容。因为刷短视频的用户具有一定的相似性，在某个短视频平台中受欢迎的话题，拿到微信视频号上，也可以吸引大量的目光。

而且因为微信视频号暂时还没有展示官方话题的固定板块，所以，此时与其在微信视频号中漫无目的地搜索，倒不如借用其他短视频平台中的热门话题来打造微信视频号的短视频内容。

大多数短视频平台都会推出一些官方话题活动，微信视频号运营者可以找到这些平台推出的话题活动，然后，结合相关话题打造微信视频号短视频，并进行发布。那么，如何寻找短视频平台推出的官方活动呢？接下来就以抖音为例，进行具体的说明。

步骤 01 　登录抖音短视频 App，点击视频播放界面右上方的 🔍 按钮，如图 2-23 所示。

步骤 02 　进入抖音发现界面，点击"更多"按钮，便可在滚动轮播的板块中看到抖音官方推出的相关话题活动。如图 2-24 所示，可以看到此时抖音官方推出了"代言家乡不卡壳"的话题活动。

图 2-23　点击🔍按钮

图 2-24　查看抖音官方推出的话题活动

# 第3章

## 电商文案，这样制作

写作思路、标题、开头、布局和结尾可谓是一篇电商文案的精华。一篇电商文案能否成为爆文，关键就是能否做好这5个方面。写作思路决定了电商文案的行文方式，而标题、开头、布局和结尾则是电商文案的重要组成部分。

▶ 写作类别，行文思路

▶ 10种标题，营销增益

▶ 3种开头，捕获目光

▶ 两种布局，吸引倍增

▶ 4种结尾，增加记忆

## 3.1 写作类别，行文思路

运营者要想写好文案就需要确定写作类别，掌握行文思路。比如，文章的正文包括故事型正文、悬念型正文等。根据文章素材和文章作者写作思路的不同，文章正文的形式也有所不同。接下来介绍几种常见的文案写作类型。

### 3.1.1 故事带入，拉近距离

故事型的文章正文是一种容易被用户接受的正文类型，一篇好的故事型文案，很容易让读者记忆深刻，拉近创作者与读者之间的距离。生动的故事容易让读者产生代入感，对故事中的情节和人物也会产生向往之情。内容运营者如果能写出一篇好的故事型正文，就能很容易地找到潜在的读者。

对于运营者来说，如何打造一篇完美的故事型文章呢？故事类的文章写作最好满足以下两个要点。

（1）合理性：故事要合理，不合理的故事文案很容易被拆穿，让读者看出广告成分。

（2）艺术性：故事要有一定的加工，毕竟艺术来源于生活又高于生活，但不能太夸张。

当运营者采用故事型的文章，对某产品进行软广告植入的时候，可以根据产品的特色，将产品关键词提炼出来，然后将产品关键词放到故事线索中，贯穿全文，让读者读完之后对产品印象深刻。

### 3.1.2 悬念设置，激发兴趣

所谓悬念，就是人们常说的"卖关子"。设置悬念是常用的一种写作手段。内容运营者通过设置悬念，激发读者丰富的想象和阅读兴趣，从而达到吸引读者阅读的目的。

正文的悬念型布局方式，指的是在正文中的故事情节、人物命运进行到关键时设置疑团，不及时作答，而是在后面的情节发展中慢慢解开，或是在描述某一奇怪现象时不急于说出产生这种现象的原因。这种方式能使读者产生急切的期盼心理。

也就是说，悬念式正文就是将悬念设置好，然后嵌入情节发展中，让读者自己去猜测、去关注，等到吸引了受众的注意后，再将答案公布出来。制造悬念有

3种常用的方法，具体内容如下所示。

（1）设疑：在文章的开始就提出疑问，然后再在文中一步一步地给予解答。

（2）倒叙：先把读者最关注的和最感兴趣的内容摆出来，然后再提出悬念，并慢慢阐述原因。

（3）隔断：这是一种叙述头绪较多时的悬念制造方法。当一端头绪解说到关键时突然中断而改叙另一端，而读者会表现出对前一端头绪迫切的阅读心理，悬念由此而生。

### 3.1.3　逆向思维，反面深入

逆向思维就是要敢于"反其道而思之"，让思维向对立面的方向发展，从问题的反面深入地进行探索，树立新思想，创立新形象。

逆向型正文指的是不按照大家惯用的思维方法去写文章内容，而是采用反向思维的方法去进行思考、探索。人们的惯性思维是按事情的发展正方向去思考某一件事情，并且寻找该事件的解决措施的，但是，有时候换一种思考方向可能更容易解决问题。

内容运营者在写作逆向型正文时，可以参考3种思维方式，具体如图3-1所示。

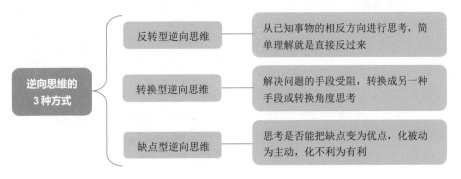

**图 3-1　逆向思维的 3 种方式**

### 3.1.4　创意表达，出奇制胜

内容运营者从不同的角度进行文章创意写作，可以增加读者的新鲜感。读者在看到不常见的事物时，往往会花费一点时间来"摸清底细"，从而就有可能耐心地通读正文，为营销的实现提供很好的助力。

创意式文章的写作，可以通过多种形式来实现，其中，制造商品热卖和紧俏场景、剑走偏锋就是其中比较有效的方法。如今，有很多销售行业的内容运营者，为了在偌大的内容营销里脱颖而出，就使用了不走常规的形式，找一些新的、不同以往的办法来解决问题，以求出奇制胜，来吸引读者的注意力。

在文章写作中也是如此，在读者已经对于如同潮水般的文章营销有了审美疲劳的时候，就需要想办法给读者和消费者一剂强心剂，通过创意思维写作的内容，往往会更具有营销效果。

## 3.2　10 种标题，营销增益

运营者要做好账号运营，学会拟写文章标题是非常必要的，有吸引力的文章标题才会给账号带来更多的读者和流量，为营销带来更好的效果。下面介绍 10 种经典标题形式，为大家的营销增益。

### 3.2.1　煽动情绪，引发共鸣

所谓"煽动性"，指的是精准地抓住目标群体的隐藏欲望，利用一些特定的词汇煽动用户的情绪，引起他们诉求上的共鸣。在微信公众号的标题撰写中，一些情感类文章之所以能获得大量的转发，就在于其能最大限度地煽动读者的情绪和情感，引起读者的共鸣。

在微信公众号标题中适当地添加具有煽动性的词汇，可以让读者产生代入感，从而提高文章的打开率。接下来欣赏具有煽动性的微信公众号文章标题，如图 3-2 所示。

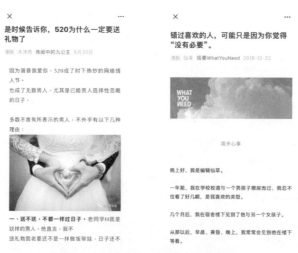

**图 3-2　具有煽动性的软文标题案例**

图 3-2 中的两篇文章，都是在标题中利用具有煽动性的话语来吸引读者注意的。前一篇文章的标题中，"是时候告诉你，520 一定要送礼物了"，把"是时候告诉你"和"520 一定要送礼物"进行组合，能激发读者强烈的好奇心。

后一篇文章的标题中，用"可能只是因为你觉得'没有必要'"这一惊叹性的词汇来煽动读者的情绪，读者在看到的时刻会有疑惑："为什么因为觉得'没有必要'就错过了喜欢的人呢？"因此，基于标题对情绪的煽动，读者会很乐意去了解微信公众号文章中的内容。

## 3.2.2 营造氛围，留下空间

在文案标题的设置中，利用意思不明的表达方式来营造一个非常广阔的想象空间，可以让读者尽情畅想余下和隐藏部分究竟是什么样的内容，从而吸引读者查看正文内容。

一般来说，读者在畅想的同时还会有一种"正确答案"是什么的窥探心理。因此，在标题中留下无限想象空间的标题，可以调动读者的好奇心，促使读者点击阅读文案，最终实现文案阅读量的提升。如图 3-3 所示，为微信公众号上能引发读者好奇心的文章标题案例。

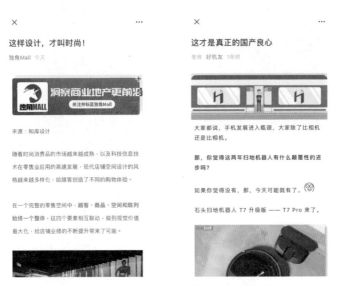

**图 3-3 引发读者好奇心的文章标题案例**

图 3-3 的两篇文章中"这样""这才是"等词汇，在带给读者问题的同时也激起了他们的好奇心，引领读者去阅读软文。

### 3.2.3 视觉触动，心灵冲击

不少人认为："力量决定一切。"这句话虽带有强烈的主观意识，但还是有一定道理的。其中，冲击力作为力量范畴中的一员，在短视频标题撰写中有着它独有的价值和魅力。

所谓"冲击力"，即带给人视觉和心灵上的触动的力量，也即引起短视频用户关注的原因所在。

在具有视觉冲击力的标题撰写中，要善于利用"第一次"和"比……还重要"等类似的较具有极端性特点的词汇——因为用户往往比较关注那些具有特别突出特点的事物，而"第一次"和"比……还重要"等词汇是最能充分体现其突出性的，往往能带给短视频用户强大的戏剧冲击感和视觉刺激感。

如图 3-4 所示，为一些带有冲击感的微信公众号文章标题案例。这两个微信公众号文章的标题就是利用"第一次"和"比……更重要"这种较极端性的语言，给用户造成一种视觉，乃至心理上的冲击。

图 3-4 带有冲击感的文章标题案例

### 3.2.4 借助设问，给出答案

相比于普通、平实的陈述而言，设问的句式往往更能获取外界的关注。设问式文章标题可以通过对为什么、是什么、怎么做的问答，暗示读者有疑惑存在，调动读者的好奇心，从而刺激读者阅读文章、了解答案。

接下来通过欣赏微信公众号上的一些设问式文章标题，来切身感受其形成和作用，如图 3-5 所示。

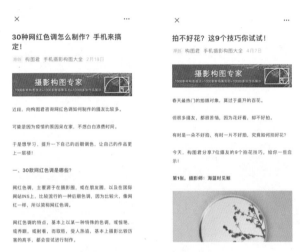

图 3-5　设问式文章标题案例

## 3.2.5　数字运用，增加可信

在出版和编辑领域中，阿拉伯数字一般用来表示现实生活中某种存在着的确切的数据，与汉语中表示概数的如"三四个""五六张"等数字不同，它产生的具体语境效果是一种精确的客观存在。在文案中，运用数字式标题有不少好处，具体体现在 3 个方面，如图 3-6 所示。

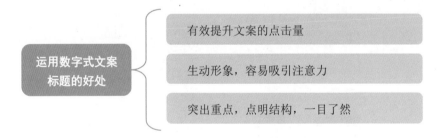

图 3-6　运用数字式文案标题的好处

数字式文案标题也很容易打造，它是一种概括性的标题，只要做到 3 点就可以撰写出来，如图 3-7 所示。

此外，数字式文案标题还可以根据数字的所属类别分为不同的类型，如时间、年龄等，具体来说可以分为 3 种，如图 3-8 所示。

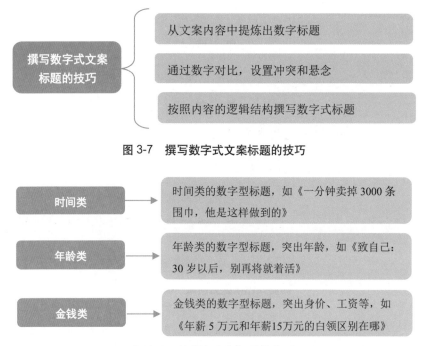

图 3-7　撰写数字式文案标题的技巧

图 3-8　数字式文案标题的类型

基于数字式标题的撰写优势，运营者在微信公众号文章的制作中，可以大力地加以运用，这不仅能增加文章标题的信任感和可读性，还能节省文章标题构思和撰写的时间。因此，这是一种值得提倡的文案标题撰写方法。如图 3-9 所示，为一些数字式的微信公众号文章标题案例。

图 3-9　数字式微信公众号文章标题案例

### 3.2.6 名人效应，增加认同

人的崇拜心理自古有之，如对民族英雄的崇拜。这一崇拜心理发展到现在有了更广阔的延伸，发展为追星、关注名人和偶像等多个维度。

而把这种心理因素的影响应用到文章标题撰写中就体现为人们常说的"名人效应"。在文章标题中加入"名人"这一元素，往往能提升软文的信服度，因为在大多数读者看来，名人在一定程度上代表的是"权威"，而为文章标题添加入"权威"的砝码，与一般软文标题相比，其影响就不可同日而语了。

如图 3-10 所示，为加入了"名人"元素的微信公众号文章标题案例。其相比于其他类型的标题，这类标题往往更容易吸引用户，特别是对标题中"名人"的相关信息感兴趣的用户的眼光。

**图 3-10 加入名人元素的文章标题案例**

### 3.2.7 借力热点，产生轰动

网络平台的热点其本身就是比较容易被检索和关注的，是一种能够引发传播的资源。在文章标题中引入网络流行语和涉及热点事件的词汇，在文章传播上有望产生轰动效果。

而这种标题形式对平台运营和文章推广来说，起到了效率与效果二者兼顾的作用——既实现了文章标题撰写上的简便，又利用热点词汇这一自带流量的元素实现了不错的传播效果。例如，随着《乘风破浪的姐姐》这个综艺节目的热播，许多微信公众号文章结合"乘风破浪的姐姐"这个热词制作了标题,如图3-11所示。

**图 3-11　运用热点词汇的文章标题案例**

## 3.2.8　福利发送,带来好处

福利发送型文案标题是指在标题上带有与"福利"相关的字眼,向用户传递一种"这个文案就是来送福利的"感觉,让用户自然而然地想要看完文案内容。福利发送型标题准确把握了用户追求利益的心理需求,让用户一看到"福利"相关字眼就觉得有利可图,从而会忍不住想要了解文案的内容。

福利发送型文案标题的表达方法有直接型和间接型两种,虽然具体方式不同,但是效果相差无几,本质上都是通过"福利"来吸引用户的眼球,从而提升视频的点击率,如图3-12所示。

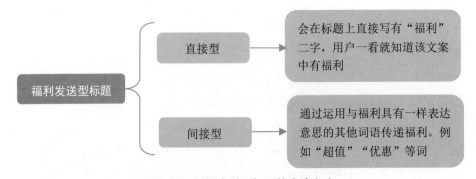

**图 3-12　福利发送型标题的表达方法**

值得注意的是，在撰写福利发送型文案标题的时候，无论是直接型还是间接型，都应该掌握 3 点技巧，如图 3-13 所示。

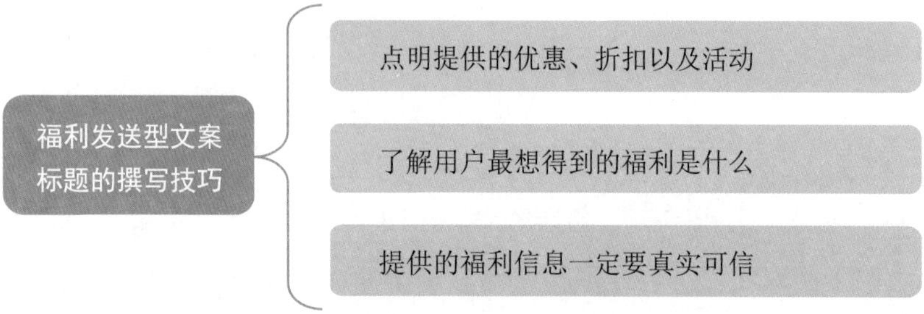

福利发送型文案标题的撰写技巧

- 点明提供的优惠、折扣以及活动
- 了解用户最想得到的福利是什么
- 提供的福利信息一定要真实可信

图 3-13　福利发送型文案标题的撰写技巧

下面是两种福利发送型标题的具体案例，如图 3-14、图 3-15 所示。

图 3-14　直接福利型标题　　　　图 3-15　间接福利型标题

## 3.2.9　揭露解密，吸引注意

揭露解密型标题是指为用户揭露某件事物不为人知的一面的标题。大部分人都会有一种好奇心和八卦心理，而这种标题则恰好可以抓住短视频用户的这种心理，从而吸引短视频用户的注意，充分引起短视频用户的兴趣。

短视频运营者可以利用揭露解密型标题做一个长期的专题，从而达到一段时间内或者长期凝聚短视频用户的目的。而且这种类型的标题比较容易打造，只需把握 3 大要点即可，如图 3-16 所示。

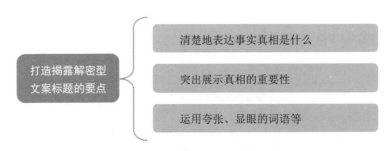

**图 3-16　打造揭露解密型文案标题的要点**

揭露解密型标题，最好在标题之中显示出冲突性和巨大的反差，这样可以有效地吸引短视频用户的注意力，使用户认识到短视频内容的重要性，从而愿意主动点击查看短视频内容。

如图 3-17 所示，为揭露解密型文案标题的案例。这两个微信公众号的文章标题都侧重于揭露事实真相，从标题上就做到了先发制人，因此能够有效地吸引用户的目光。

**图 3-17　揭露解密型标题的案例**

## 3.2.10　独家分享，珍贵资源

独家分享型标题，也就是从标题上体现短视频运营者所提供的信息是特有的珍贵资源，让短视频用户觉得该短视频值得点击和转发。从短视频用户的心理方面而言，独家分享型标题所代表的内容一般会给人一种自己率先获知、别人所没有的感觉，因而在心理上更容易获得满足。

在这种情况下，好为人师和想要炫耀的心理就会驱使短视频用户自然而然地去转发短视频，成为短视频潜在的传播源和发散地。

独家分享型标题会给短视频用户带来独一无二的荣誉感，同时还会使短视频内容更加具有吸引力。那么，在撰写这样的标题时，我们应该怎么做呢？是直接点明"独家资源，走过路过不要错过"，还是运用其他方法来暗示短视频用户这则短视频的内容是与众不同的呢？

在这里笔者想提供3点技巧，帮助大家成功地打造出夺人眼球的独家分享型标题，如图3-18所示。

图 3-18　打造独家分享型标题的技巧

使用独家分享型标题的好处在于可以吸引到更多的短视频用户，让用户觉得短视频内容比较珍贵，从而帮运营者主动宣传和推广内容，让内容得到广泛的传播。如图3-19所示，为独家分享型标题的典型案例。

图 3-19　独家分享型标题的案例

独家分享型标题往往也暗示着文章内容的珍贵性，因此撰写者需要注意，如果标题使用的是带有独家性质的形式，就必须保证短视频的内容也是独一无二的，将独家性标题与独家性的内容相结合。

## 3.3　3种开头，捕获目光

对于一篇文案来说，其开头的重要性仅次于文案的标题及文案的主题。所以，文案创作者在写文案的时候，一定要注意在开头就吸引住用户的目光。只有这样，才能让用户有继续阅读下去的念头。本节重点介绍3种开头方法，帮助大家快速地吸引用户的目光。

### 3.3.1　掌握方法，赢得喜爱

让运营者能够用一个好开头赢得用户对平台的喜爱，从而吸引到大量的粉丝和关注是文案撰写的主要目的。基于这一思考，下面介绍一下文案正文开头的5种写作技巧。

#### 1．直奔主题

直奔主题类型的文案开头，需要作者在文案的首段就将自己想要表达的东西都写出来，不隐隐藏藏而是干脆爽快。

微信公众号平台的文案编辑在使用这种方法进行文案正文开头创作的时候，可以使用朴实、简洁等能进行清楚表达的语言，直接将自己想要表达的东西写出来，不故作玄虚。

在使用这种直奔主题类型做正文开头的时候，要注意的是，正文的主题或者事件必须足够吸引人，如果主题或者要表达的事件没办法快速地吸引用户，那这样的方法最好还是不要使用。

#### 2．制造悬念

文案创作者在写想象与猜测类型的正文开头时，可以稍微运用一些夸张的写法，但不要太过夸张，基本上还是倾向于写实或拟人，能让用户在看到文字的同时就能够展开丰富的联想，猜测文章接下来会发生什么，从而产生强烈的继续阅读文章的欲望。

在使用想象猜测类型的文章开头的时候，要注意的就是，开头必须有一些悬念，给用户以想象的空间，最好可以引导用户进行思考。

### 3．平铺直叙

平铺直叙型也被叫作波澜不惊型，表现为在撰写正文开头时，把一件事情或者故事有头有尾、一气呵成地说出来。

平铺直叙型的方式，在普通文章正文中使用得并不多，更多的还是存在于媒体发布的新闻稿中。但是，在微信公众号和朋友圈的正文开头中也可以选择合适的时候使用这种类型的写作方法，例如重大事件或者名人明星的介绍，通过正文本身表现出来的重大吸引力来吸引用户继续阅读。

### 4．幽默诙谐

幽默感是与他人沟通过程中最好的武器，它能够快速地搭建起与对方沟通的桥梁，拉近彼此之间的距离。幽默诙谐的特点就是令人高兴、愉悦。文案创作者如果能够将这一方法用到文案的正文开头写作中，将会取得不错的效果。

在微信公众号、朋友圈平台上，有很多商家会选择在文章中通过一些幽默、有趣的故事做开头，吸引用户的注意力。相信大家都喜欢看可以带来快乐的东西，这就是幽默诙谐型正文开头存在的意义。

### 5．引用名言

文案创作者在写文案时，使用名言名句开头，会更容易吸引用户的眼光。因此，可以多搜索一些与文案主题相关的名人名言，或者经典语录。

在文案的开头，文案创作者如果能够用一些简单、精练同时又紧扣文章主题并且意蕴丰富的语句，或者使用名人说过的话语、民间谚语、诗词歌赋等语句，就能够使文章看起来更有内涵，而且这种写法更能吸引用户，可以提高文案的可读性，更好地凸显文章的主旨和情感。

## 3.3.2 善用摘要，刺激阅读

在微信公众号中，运营者可以通过摘要内容的呈现，对整篇文章的重点内容进行提炼和说明，从而起到激发用户阅读兴趣的作用。这部分内容对于一张图类微信公众号推送来说非常重要，因为发布消息之后，这部分的摘要内容会直接出现在推送信息中，如图 3-20 所示。

在编辑摘要时，要尽量简洁明了，如果摘要写得好，不仅能够激发用户对文章的兴趣，还能够激发用户第二次点击阅读的兴趣。

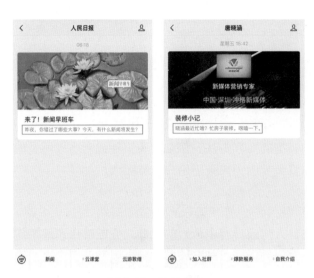

图 3-20  摘要内容

需要特别注意的是，在一些新媒体平台中，摘要是需要进行设置的。比如，在微信公众号中，没有选择填写摘要，那么，系统就会默认抓取正文的前 54 个字作为文章的摘要，如图 3-21 所示。

图 3-21  默认抓取的摘要

### 3.3.3  出彩开篇，留好印象

正文的开头对于一篇文案来说是很重要的，它决定了用户对这篇文案内容的第一印象，因此要对它加以重视。一篇优秀的文案，在撰写正文开头时一定要做到紧扣文案主题、陈述部分事实、语言风格吸引人、内容有创意。

如图 3-22 所示，为某微信公众号发布的一篇文章。在该文章的开头，写作者一反大众的常规观念，提出"无论什么时候、任何场合，当大家都夸一个人聪明的时候，说明这个人根本不够聪明。因为真正聪明的人，在别人眼里都是傻子"。用户在看到该开头之后，很容易便会留下印象。这便是一个出彩的开篇。

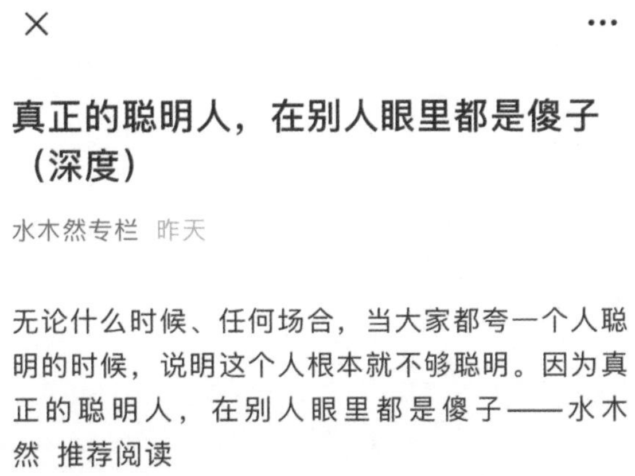

✕ ···

## 真正的聪明人，在别人眼里都是傻子（深度）

水木然专栏　昨天

无论什么时候、任何场合，当大家都夸一个人聪明的时候，说明这个人根本就不够聪明。因为真正的聪明人，在别人眼里都是傻子——水木然　推荐阅读

图 3-22　精彩的文章开头

## 3.4　两种布局，吸引倍增

从各类平台推送的文案中不难发现，不同类型文案的布局方式有所不同，而这种布局的不同也导致了呈现在用户面前的视觉排列效果存在差异。了解并运用不同的文案布局方式，有利于微信公众号、视频号、小程序运营者打造出不同的视觉效果，增强其平台的吸引力。本节主要介绍新文案的布局方式。

### 3.4.1　层层递进，逻辑严谨

层递式布局，即层层递进的正文布局，其优点是逻辑严谨、思维严密，按照某种顺序将内容一步步铺排，给人一气呵成的畅快感觉。但是层层递进的正文布局其缺点也很明显——对于主题的推出不够迅速，若开头不能吸引受众，那后面的内容也就失去了存在的意义。

层层递进型的正文布局，其着重点就在于层递关系的呈现。论述时的层递主要表现为从现象到本质、从事实到道理以及讲道理时层层深入。

由此可见，这种正文布局形式适合论证式的新媒体文案，层层深入、步步推进的论证格局能够增加文案的表现力。运用层递式结构要注意内容之间的前后逻辑关系，绝不可随意地颠倒顺序。层层递进型的正文布局对于说明某些问题非常有效。

如图3-23所示，为某微信公众号推送的一篇文章，可以看到，该文章便是从"是什么"到"为什么"再到"怎么样"层层递进来进行布局的文案。

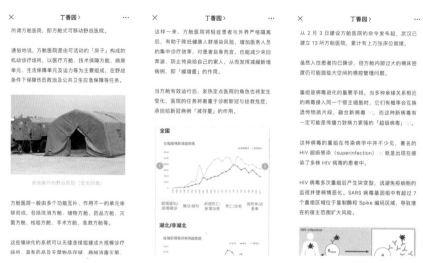

图 3-23　层层递进式正文写作文案

## 3.4.2　总分结构，思路清晰

微信公众号文章中，时常会出现"总分总"式的布局。在文案营销的内容中运用"总分总"式布局，往往需要创作者在文章的开篇就点题，然后在主体部分将中心论点分成几个横向展开的分论点，最后在结论部分加以归纳、总结和必要的引申。

下面以图解的形式介绍"总分总式"文案正文的布局形式，如图 3-24 所示。

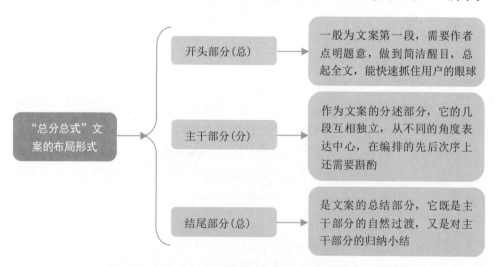

图 3-24　"总分总式"文案的布局形式

如图 3-25 所示，为微信公众号发布的一篇文章，其采用的便是"总分总式"的布局形式。

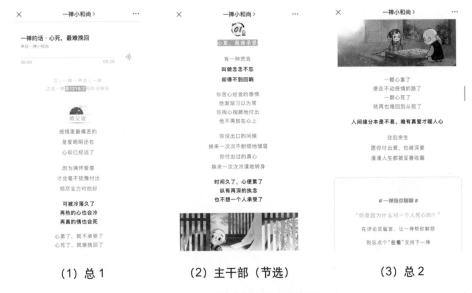

（1）总 1　　　　　　　（2）主干部（节选）　　　　　　　（3）总 2

图 3-25　"总分总式"布局形式

## 3.5　4 种结尾，增加记忆

一篇优秀的文案，不仅需要一个好的标题、开头和布局，同样也需要一个符合读者需求、口味的结尾。接下来重点为大家解读 4 种文案结尾技巧，让内容更好地被用户记住。

### 3.5.1　首尾呼应，引发深思

首尾呼应法，就是常说的要在文章的结尾点题。文案创作者在进行文章撰写的时候，如果要使用这种方法结尾，就必须做到首尾呼应——文章开头提过的内容、观点，在正文结尾的时候再提一次。

一般来说，微信公众号的文案很多都是采用总—分—总的写作方式，结尾大多根据开头来写，以达到首尾呼应的效果。如果正文的开头文章撰写者提出了对某事、某物、某人的看法与观点，中间进行详细的阐述，到了文章结尾的时候，就必须自然而然地回到开头的话题，来个完美的总结。

首尾呼应的结尾法能够凭借其严谨的文章结构、鲜明的主题思想给用户留下深刻的印象，引导用户对文章中提到的内容进行思考。如果运营者想要用户对自己传递的信息留下深刻印象，那么，首尾呼应法则是一种非常实用的方法。

### 3.5.2 结尾号召，增强共鸣

微信公众号、视频号、小程序和朋友圈运营者如果想让用户加入到某项活动中，经常会在最后使用号召法来结束全文，同时很多公益性的微信公众号推送的文章也经常使用这种方法结尾。

号召法结尾的文章能够在用户阅读完文章内容后，使得用户与文章的内容产生共鸣，从而产生更想要加入文章中发起的活动中去。

如图 3-26 所示，为微信公众号"手机摄影构图大全"推送的一篇文章，在文章的结尾处，号召力十分明显。

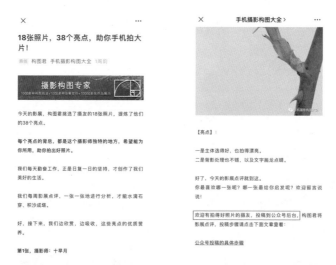

**图 3-26　微信公众号"手机摄影构图大全"推送的以号召法结尾的文章案例**

### 3.5.3 祝福推送，传达关心

祝福法是很多微信公众号运营者在文章结尾时都会使用的一种方法。因为这种祝福形式能够给用户传递一份温暖，让用户在阅读完文章后，感受到账号运营者对他（她）的关心与爱护，这也是能够打动用户内心的一种文章结尾方法。

如图 3-27 所示，为微信公众号"一禅小和尚"推送的一篇使用了祝福法结尾的文案案例。

**图 3-27　微信公众号"一禅小和尚"推送的以祝福法结尾的文章案例**

### 3.5.4　抒发情感，激起波澜

使用抒情法作为文案的结尾，通常较多地用于写人、记事的微信公众号文章中，如图 3-28 所示。

**图 3-28　某微信公众号推送的以抒情法结尾的文章案例**

文案创作者在用抒情法进行文章收尾的时候，一定要将自己心中的真实情感释放出来，这样才能激起受众情感的波澜，从而引起用户的共鸣。

# 第4章

# 搜索优化，提高排名

**学前提示**

　　微信搜索不仅是搜索概率最大的流量入口之一，还是一个重要的分享和引流入口。除了微信之外，许多其他平台也都设置了搜索功能。

　　借助搜索功能，微信视频号、公众号、小程序和朋友圈的内容和账号能被更多的用户看到。因此，运营者要做好搜索优化工作，通过搜索优化，提高账号和内容的搜索排名。

**要点展示**

▶ 账号排名，优化方法

▶ 词汇占领，流量入口

▶ 营销词汇，设置技巧

▶ 内容排名，优化策略

## 4.1　账号排名，优化方法

影响微信视频号、公众号、小程序和朋友圈搜索排名的因素有很多，不同类型、不同领域的账号有其不同的影响因素，运营者了解了影响自己账号搜索排名的因素后，还需要从搜索入口分析，找出能够优化账号排名的方法。

### 4.1.1　入口优化，抢占搜索

在移动互联网中，运营者要想通过优化入口的方式提高搜索排名，首先需要了解有哪些能够优化的移动入口。微信上能优化的入口主要有以下几个，分别是微信搜索入口、搜狗搜索入口和平台收录入口。运营者知道能优化的入口后，就可以进行具体的优化操作，下面进行介绍和分析。

#### 1. 微信搜索入口

微信搜索入口的内容目前有 7 个，微信公众号、小程序和朋友圈都可以找到专门的搜索入口，如图 4-1 所示。

图 4-1　微信搜索的 7 个内容入口

#### 2. 搜狗搜索入口

搜狗搜索入口的优化重点是搜狗搜索的微信搜索入口。在搜狗搜索中，有专门的"搜狗 | 微信"板块，用户可以选择"公众号"和"文章"搜索微信公众号账号或微信公众号发布的文章，如图 4-2 所示。

那么，运营者要如何优化搜狗搜索入口呢？搜狗搜索平台的内容收录主要按"关键词匹配"的方向，从标题和内容上进行选取和匹配。下面以图解的形式分析，如图 4-3 所示。

**图4-2 "搜狗 | 微信"板块**

```
搜狗搜索入口的优化分析
        ↓
用户直接输入关键词进行搜索
        ↓
┌──────────────────────┐    ┌──────────────────────┐
│搜索结果按照关键词匹配度和│    │关键词匹配从文章标题和内容│
│更新时间进行综合排序      │    │上进行选取              │
└──────────────────────┘    └──────────────────────┘
```

**图4-3 搜狗搜索入口的优化分析**

因为搜索结果主要是根据关键词的匹配程度进行排序的，所以影响微信搜索排名的因素有很多。在这里，建议运营者从最根本的微信搜索内容优化入口入手，下面以图解的形式进行分析，如图4-4所示。

### 3. 平台收录入口

平台收录入口的优化主要是指运营者将自己的公众号文章发表在其他平台上，以接入更多入口的方法，扩大文章的传播广度和深度。一般来说，微信运营者除了微信、微博推文之外，还会经常使用一些新媒体平台来推广账号或内容，比如今日头条、一点资讯、简书、百度贴吧、网易媒体、百度百家、企鹅媒体号和 UC 大鱼等。

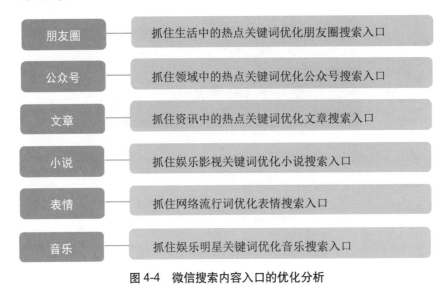

**图 4-4　微信搜索内容入口的优化分析**

## 4.1.2　取名优化，解决问题

运营者要想提高自己的账号排名，需要重点解决好以下两个问题。

### 1. 名称如何取

用户搜索账号时，主要是直接使用关键词进行搜索的。因此，账号的名称要在直观上给用户一种能够满足需求的感受。那么，运营者要如何取一个在直观感受上就能够吸引用户眼球的名称呢？下面从体现领域特征、满足用户需求和恰当的组合这 3 个方面以图解的形式分析介绍，如图 4-5 所示。

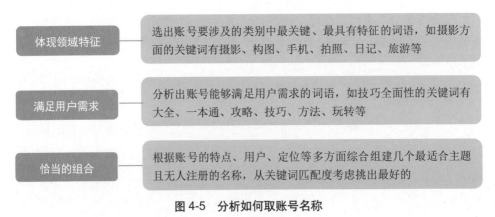

**图 4-5　分析如何取账号名称**

### 2．文章标题如何取

账号内容要想吸引到读者，标题最重要，由于用户搜索是直接使用关键词搜索，可见标题中最重要的是关键词。

下面从标题的关键词热度、关键词次数和关键词主题这3个方面以图解的形式分析介绍，如图4-6所示。

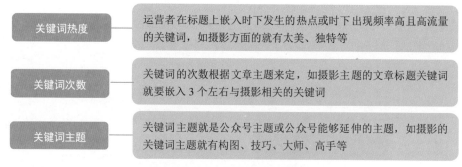

**图4-6 分析如何取文章标题**

## 4.1.3 品牌建设，引导分享

品牌运营者在销售产品时总是强调要建立品牌形象、扩大品牌影响力，而大多数普通运营者则只强调要建立品牌形象，可见，建立品牌形象对运营者的重要性。一个好的品牌或口碑良好的品牌，用户都愿意主动去搜索其产品。因此，品牌形象也可以作为运营者的流量入口。

运营微信账号也一样，建立自己的品牌形象有利于增加粉丝数量和粉丝黏性，那么，运营者如何建立品牌形象呢？下面以图解的形式分析介绍，如图4-7所示。

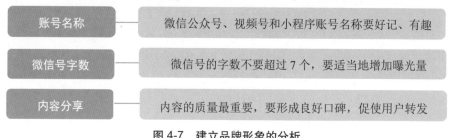

**图4-7 建立品牌形象的分析**

其实，建立品牌形象最重要的地方还是质量，用户看到了有质感的内容，才会接受内容的传播，主动去分享，形成病毒式传播，运营者一味地注重分享和推广，不利于微信公众号、视频号、小程序和朋友圈的长久发展。

### 4.1.4　粉丝黏性，增强留存

增强粉丝黏性就是培养更多活跃粉丝的支持和促进粉丝推荐，获取粉丝经济。粉丝黏性越大，流量入口就越大，下面从 3 个方面介绍增强粉丝黏性的方法。

#### 1. 用活动活跃氛围

在微信视频号、公众号、小程序和朋友圈的运营中，举办活动是最能提升用户黏性的方法，也是最直接的推广引流的技巧。如图 4-8 所示，为某微信公众号举办的作品征集活动。

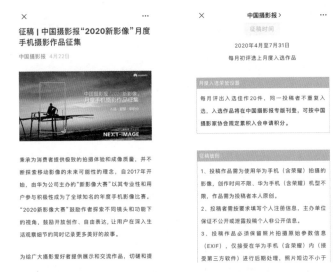

**图 4-8　某微信公众号举办的作品征集活动**

#### 2. 用人脉圈汇集铁粉

对微信视频号、公众号、小程序和朋友圈来说，铁杆粉丝的行为都具有积极的作用。就像娱乐明星，不论是出专辑、拍写真，还是开演唱会、电影公映，铁杆粉丝都一定会支持。因此，运营者要想增强粉丝黏性，可以将已有的粉丝通过微信粉丝群汇集起来，通过交流打造铁粉。

#### 3. 创造话题引领分享

在当今这个信息化飞速发展的时代，无话题不营销。话题就是一个搜索入口、一个流量入口，即使是有身份、有地位的大企业家也不免被拿出来博眼球、炒话题。比如王某某的"网红"、刘某某的"奶茶"炒作时间早已过去，但还是持续热议着。

## 4.2　词汇占领，流量入口

在微信搜索中，关键词对搜索结果有着极为重要的影响，关键词是表达主题内容的重要部分。一般来说，用户搜索都是直接输入关键词进行需求搜索的，运营者想要在微信搜索这个流量入口上引流，首先就要让别人能搜索到自己的内容，因此，运营者必须做好关键词的研究。

### 4.2.1　词汇释义，正确理解

运营者要想更全面地深入微信搜索的世界里，就得依靠"关键词"。"关键词"可以决定一篇微信公众号文章能否成功，有时只要关键词放置得当，就能为运营者创造出一定的营销收益。

不管是什么类型的内容、撰写水平的高低，是否适当地引入宣传的主题与关键词都会直接决定文章的营销效果。

微信文章有它自身的特点和写作技巧，写微信文章不是写一篇普通文章，不是简单的文字材料堆砌。一个优秀的微信账号运营者，需要有扎实的写作基础以及敏锐的产品与消费者观察力，才能完整地把握微信热门关键词的应用。

关键词一般为产品、服务、企业、网站等，可以有一个，也可以有多个。一般来说，微信搜索中关键词类别有以下 3 种。

#### 1. 核心关键词

所谓"核心关键词"，就是微信主题最简单的词语，同时也是搜索量最高的词语。比如，某微信公众号是一个 SEO（Search Engine Optimization 的缩写，译为"搜索引擎优化"）服务型的平台，那么，该微信公众号的核心关键词就是"SEO""网站优化""搜索引擎优化"等。

此外，核心关键词也可以是产品、企业、网站、服务、行业等一些名称或是这些名称的一些属性、特色的词汇，例如 ××减肥茶、××公司、××网等。那么，我们应该如何选择核心关键词呢？具体分析如下。

1）与账号紧密相关

这是微信内容核心关键词选择中最基本的要求，例如，做服装销售的，关键词却选取的是电脑器材，这肯定是不行的。核心关键词与整个账号的主题内容是息息相关的，通常也就是账号首页的目标关键词。

核心关键词要与账号紧密相关，具体表现在 3 个方面：第一要让搜索者明白公众号是做什么的，也就是要与账号的领域有关联；第二要让搜索者了解账号提供什么服务，也就是要表现账号的功能；第三要让搜索者知道账号能为其解决什么问题，也就是要突出账号的价值和特色。

2）符合用户的搜索习惯

运营者做微信平台运营的直接目的是吸引用户的关注，因此关键词的设置也要考虑用户的搜索情况。所以运营者在选择关键词的时候，可以列出几个核心的关键词，然后换一下角色，思考当自己是用户的时候会怎么搜索，从而保证核心关键词的设置更加接近用户真实的搜索习惯。

3）有竞争性的热词

很多词容易被搜索到，其原因之一就是有竞争，只有这种被用户搜索得多的词才是最有价值的词。这样的词一般都比较热门，具有很好的竞争性。

在此，就不能不提及关键词的竞争程度了。关于关键词竞争程度判断的问题，可以从搜索次数、竞争对手的数量、竞价推广数量和竞价价格这4方面分析。通常来说，关键词的竞争程度，与这4个方面的数量是成正比的，也就是说，这4个方面的数值越大，关键词的竞争程度也会更大一些。

### 2．辅助关键词

辅助关键词，又称为相关关键词或扩展关键词，主要是对内容中核心关键词进行补充和辅助。与核心关键词相比，辅助关键词的数量更多、更丰富，更能够说明内容要表达的意图，对内容的搜索热度能起到优化作用。

辅助关键词的形式有很多种，它可以是具体的某个词汇，也可以是短语、网络用语、流行词，只要能为账号引流吸粉，都可以称为辅助关键词。

辅助关键词通常来源于对用户搜索习惯、搜索兴趣的了解，例如，文章的核心关键词是"摄影构图"，那么，"什么是摄影构图""摄影构图是什么""什么叫摄影构图"等都是非常好的辅助关键词。

在微信文章中，运营者可以通过对核心关键词进行相应增删后得到辅助关键词。例如，核心关键词"摄影构图"与"技巧"组合后，就产生了一个新的辅助关键词"摄影构图的技巧"。

在微信搜索结果展示中，辅助关键词可以有效地增加核心关键词的词频，提高微信文章被检索的概率，从而增加微信流量。具体来说，辅助关键词具有3个方面的作用，即补充说明核心关键词、控制核心关键词密度和提高页面检索的概率。

一般来说，一个企业账号的核心关键词为 3～5 个，辅助关键词可以收集到 200 个左右。运营者在对这几百个辅助关键词分门别类后进行内容的写作，账号的内容会显得非常充实，账号的流量和人均浏览量也很容易得到提升。

### 3．长尾关键词

长尾关键词是对于辅助关键词的一个扩展，且一般长尾关键词都是一个短句。例如，一家 SEO 服务型的微信公众号平台的长尾关键词就是"哪家 SEO 服务公司好""平台 SEO 服务优化找谁"等。

长尾关键词的特征是比较长，往往是由 2～3 个词组成，甚至是短语，存在于内容页面，除了内容页的标题外，还存在于内容中。微信公众平台大部分的搜索流量来自于长尾关键词，越是大中型和门户型平台，长尾关键词的流量占比就越重。一般来讲，长尾关键词的拓展方式有以下几种。

1）流量统计工具

此工具可以通过统计微信公众号访问的流量，分析出用户的搜索行为，即用户通过搜索什么关键词而关注了微信公众号。然后，运营者就能知道关键词的拓展方向，这样才能使拓展出的关键词具有价值。

2）问答平台及社区

问答平台是网友用来解决问题的直接渠道之一，如百度知道、搜搜问问、天涯问答等，问答平台上虽然充斥着大量的推广和广告问答，但也有大量真实用户的问答。而且，在问答平台中回复网友问题的人，大多数是专家或问题相关领域的工作者，因此，平台中会出现大量具有专业性或口语化的长尾关键词，运营者如果能掌握这一部分词汇，拓展长尾关键词的难度会减轻很多。

3）站长工具及软件

目前站长工具像站长之家、爱站网、站长帮手都有类似的关键词拓展查询，并给出关键词的百度指数、搜索量以及优化难度，能使运营者拓展出具有一定价值和流量的关键词。

4）搜索引擎的工具

百度竞价的后台就是一种可以用来拓展长尾关键词的搜索引擎工具，还有谷歌的网站管理员工具和百度的凤巢竞价后台，都是非常好的查询关键词的工具，而且在搜索的次数和拓展词量上也比较真实可靠。

5）拆分组合

拆分组合是很常见的一种长尾关键词拓展方式，它主要是将公众号目标关键词进行分析拆分，然后再组合在一起，使其变成一个新的关键词，可以产生大批量的关键词。虽然与之前的几种方法相比，在性价比上没有那么高，但是可以全方位地进行拓展，将关键词都覆盖住，因此，它是一种全面撒网式的拓展方法。

6）其他方法

除了以上方法外，运营者还可以自制一些抓取工具，抓取竞争对手或同行账号中好的长尾词，进行分析和筛选，存入关键词库。又或者是利用一些风云榜、排行榜的数据，收集点击率高的标题，截取中心词来拓展长尾词。

## 4.2.2　价值评估，取决词汇

什么是有价值的目标关键词？简单来说，就是有人搜索的目标关键词才有价值，因此，运营者就要研究关键词，知道哪些关键词确实有用户在搜索。

而运营者要发掘有价值的目标关键词，其实就是要避免那些没有价值的目标关键词，通常没有价值的目标关键词具有两个表现，如图4-9所示。

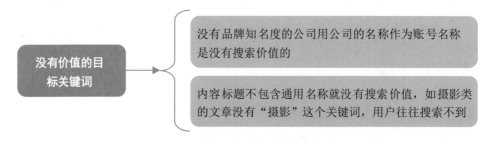

**图4-9　没有价值的目标关键词的分析**

## 4.2.3　流量获取，增强转化

为什么要研究关键词抢占微信搜索流量入口？运营者要清楚自己的目标并不是为了流量去引流，而是为了流量转化去引流。下面还是以"手机摄影构图大全"微信公众号为例进行分析介绍。

微信公众号"手机摄影构图大全"因为在关键词优化上做得很好，所以很容易被微信用户搜索到，也更容易获得微信用户的关注，如此一来，微信公众号的粉丝数量也能得到增长。有了数量众多的粉丝作为基础，该微信公众号之后进行引流、变现活动时就能更加顺利，具体分析如图4-10所示。

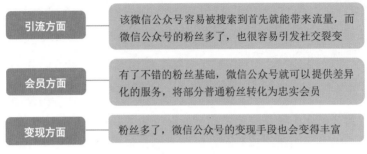

**图 4-10 用关键词吸引粉丝带来的好处**

## 4.2.4 具化词汇，细化服务

关键词对于搜索排名至关重要，因此，运营者在选择关键词时，需要通过分析对关键词进行具化，从而细化服务，让你选择的关键词更好地满足目标用户的需求。对此，运营者需要重点做好 4 个方面的工作，具体如下。

### 1. 从行业状况分析

运营者运营一个账号肯定要事先去了解该账号所在行业的数量和排名情况，确定关键词也是如此。例如，企业的微信公众号是摄影类账号，那么在微信搜索时就要以"摄影"这个主关键词去了解摄影行业的关键词状况，如图 4-11 所示。

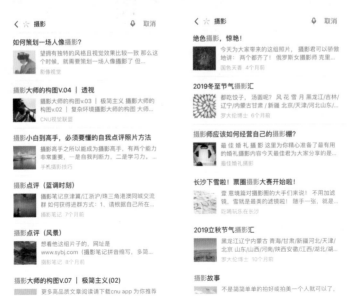

**图 4-11 微信文章搜索"摄影"**

从图 4-11 两张图可以看出，摄影行业排名较好的是"摄影点评""摄影（大）师"等关键词。因此，摄影类微信公众号的企业号确定关键词就可以从摄影点评和摄影（大）师的角度入手。

### 2. 分析竞争关键词

运营者集合行业关键词主要是为了能够找到适合自己账号的关键词，增加账号的粉丝量，但是，关键词也具有竞争性，运营者想要在行业中脱颖而出，应先分析关键词的竞争性。具体来说，可以从关键词相关性、关键词搜索量和关键词的商业价值等方面入手。

一般来说，选择性的关键词，即二级关键词，与主关键词相比，竞争力要小，在关键词的搜索量上也相差不大，但是发展时间较长，若运营者的时间允许，可以先从二级关键词入手进行推广引流。

例如，用户直接用"餐厅"主关键词搜索，能够搜索到餐厅设计、人气餐厅、餐厅测评等内容，如图 4-12 所示。而用户使用"餐厅设计"这个二级关键词进行搜索，就只能搜索到关于餐厅设计的内容，如图 4-13 所示。

| 〈   餐厅      🎤 取消 | 〈 ☆ 餐厅设计     🎤 取消 |
| --- | --- |
| **36款最受欢迎的餐厅设计，就这么装吧！** | **高颜值的餐厅，都是这样设计的** |
|  文章末尾可免费领取4套设计+报价 每天仅限5个名额 现代的家装中，餐厅不像以前一样，<br>装修效果图 |  commercial space design 在注重体验感的当下，餐厅、咖啡厅的室内设计变得日益复杂…<br>一起设计 3个月前   阅读 2万+ |
| **2018年刷爆大长沙的100+人气餐厅，慎点！** | **中国高颜值设计餐厅，为好设计买单** |
|  大家呈现鸵鸟肉的多种吃法，每一道菜都口感独特且营养健康！详情点击：花熊餐厅 漫…<br>长沙吃喝玩乐 |  ——卢志荣先生，同时山河万朵vege wonder也是他目前唯一——间餐厅设计作品。步入餐…<br>设计之旅 15天前 |
| **消失的三毛餐厅** | **如此惊艳的茶餐厅设计，怪不得设计费这么贵！** |
|  ——三毛餐厅！对于不熟悉天津的人来说"三毛餐厅"可能听都没听说过更不知道，ta意味…<br>▶01:34   天津人 7个月前   阅读 10万+ |  来龙里"的来源——本身出自重庆解放碑边上的一条百年老巷弄"来龙巷"，设计师结合了…<br>餐饮视界 |
| **听晚安故事：美味餐厅** | **餐厅设计得这么文艺，简直是湘菜界的清流！** |
|  这本小书里充满了冒险、神秘、梦幻的故事还有好多好多。美丽的白雪公主、放鹅姑娘…<br>亲子童书 19小时前 |  游子回家，雁之本能和人之本性的巧妙结合，也正是"雁舍"名字的由来。设计以此…<br>餐饮视界 3个月前 |
| **上海 | 啤酒花园露台餐厅** | **实用家庭餐厅设计细节参考** |
|  24hours | beer garden1 | beergrdn 静安 beergrdn躲在以硬中性为概念的urbn酒店里…<br>24HOURS |  家里装修餐厅和厨房一样都很重要，特别是对于『吃货』来说。餐厅装修的好一点，食欲…<br>装修33天 9个月前 |
| **榜单 | 全球100家米其林三星餐厅测评** | **精致舒适的餐厅设计，在这里吃饭才香！** |
| 米其林餐厅评选之严谨苛刻，实属如假包换的 | 荣味-汀餐厅是我们城市绿洲系列的第一章， |

图 4-12   微信搜索"餐厅"        图 4-13   微信搜索"餐厅设计"

### 3．预计关键词价值

预计关键词搜索的流量和价值一般是大公司的关键词研究项目，个人及小型企业的账号能够找到适合的关键词就不需要做这一步工作了，而且预计流量对公司账号的发展很重要，一般会有专门的团队负责分析和总结。下面进行分析介绍。

（1）确定目标关键词的排名。运营者根据在百度指数上或其他分析关键词的工具上的关键词竞争指数，分析预计账号用此类关键词能得到什么样的排名。预计的排名肯定不会与实际的排名一样，无论排名如何，运营者都要根据得到的实际情况进行关键词的再次分析，以便下次更好地预计排名。

（2）预计关键词流量和效果。运营者确定了关键词的排名后，需要根据已有的搜索次数、预计排名、搜索结果页来预计关键词流量和效果，下面从两个方向进行分析，如图4-14所示。

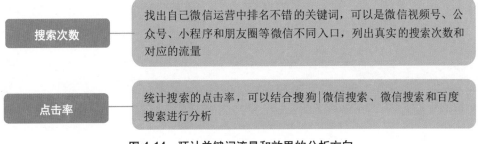

图4-14　预计关键词流量和效果的分析方向

### 4．预计关键词流量的价值

运营者预计流量也是为了实现盈利，因此，预计关键词流量的价值也是公司预计中的一个项目。得出预计流量后，运营者结合转化率、平均销量和平均每单的盈利这3项数据就可以计算出其流量价值了。

## 4.2.5　搜索匹配，增加概率

搜索信息与被搜索账号内容的匹配度是搜索成功的关键，只有搜索信息与目标账号内容产生一定的匹配关系，目标账号内容才可能被搜索系统检索到。通常搜索的流程如图4-15所示。

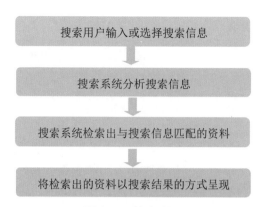

**图 4-15　搜索流程**

可见，搜索信息与被搜索账号内容的匹配度直接影响着搜索结果，因此为了让账号内容能被搜索者正确地找到，运营者有必要了解匹配度的相关知识。

一般影响账号内容搜索结果的匹配因素有 3 个，分别是时间匹配度、类别匹配度和信息匹配度，下面进行具体说明。

### 1．时间匹配度

在微信上，所有账号的内容都会有一个发布时间，如图 4-16 所示。而在微信公众号详细信息界面，搜索者可以通过查看历史消息，查看已发布微信公众号文章的发布时间，如图 4-17 所示。

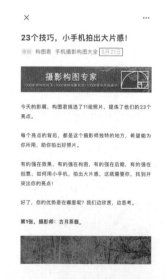

**图 4-16　微信公众号的发布时间**

**图 4-17　公众号历史文章界面**

媒体对于一些重大的社会时事的报道往往也会附上时间日期，这也成了想要了解这方面社会时事的读者搜索微信公众号文章的一个契机，他们会通过时间日期来搜索该社会时事的相关微信公众号文章，以此获得多方面不同观点的微信公众号文章。在微信公众号文章中也经常能看到时间、日期等信息，如图4-18所示。搜索者以时间为标准搜索微信公众号文章时，就很可能会匹配到这些文章。

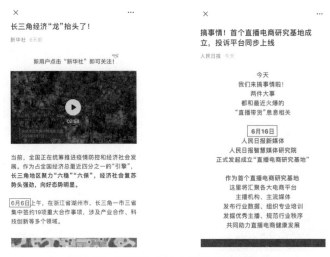

**图4-18　微信公众号文章中的时间信息**

### 2. 类别匹配度

分类搜索是一种被广泛运用的搜索技巧，早期互联网上的搜索就是通过将网站进行分类，方便互联网用户根据自身需求进行匹配，查找目标网站。没有明确目标的搜索者，也能通过分类搜索确定一个大致的查找方向。

微信公众号也有不同的类型之分，有财经类的、有情感类的。在新榜上，微信公众号的类型被大致分为23种，如图4-19所示。但实际上微信公众号的类型要远远多于23种。

**图4-19　新榜的公众号分类**

在微信"搜一搜"中也将微信中的内容根据热门程度分为7个类型，"搜一搜"中虽然将微信公众号文章单独分为一类，却没有更详细的分类，如果根据发布文章的微信公众号类型去对文章进行分类也不太合适，因为如今的内容生产者都在向多元化的方向发展，很多微信公众号并不只发布一种类型的文章，这时运营者就可以将自己发布的文章进行简单的分类，方便读者根据自身需求匹配内容。

常见的微信公众号文章分类方法有两种，一种是在标题前添加类别标签，如图 4-20 所示；另一种则是在文章封面上添加类别标签，如图 4-21 所示。

图 4-20　标题类别标签

图 4-21　封面类别标签

### 3. 信息匹配度

信息的匹配度是影响账号和内容搜索结果的重要因素，大多数搜索者都是根据内容的信息进行搜索的，这些用于搜索的信息主要有两种，一是内容标题，二是正文内容，下面分别进行介绍。

（1）内容标题的匹配度。标题是内容的浓缩，应该体现内容的主题。但在互联网文化的影响下，出现了一些以搞怪、搞笑为主题的文章，这些文章的标题与文章内容并不相符，其文章标题很可能还是对文章内容的歪曲和夸张，如有名的"震惊体"标题就是这类标题的代表，如图 4-22 所示。

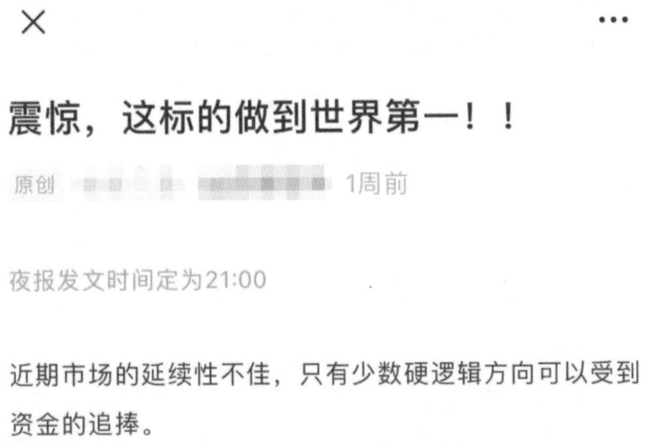

✕                                    ⋯

# 震惊，这标的做到世界第一！！

原创 ▨▨▨ ▨▨▨▨▨ 1周前

夜报发文时间定为21:00

近期市场的延续性不佳，只有少数硬逻辑方向可以受到
资金的追捧。

**图 4-22　"震惊体"标题**

这类标题没有切实反映文章内容，显然不能满足公众号文章搜索的匹配度，所以不是搞笑、搞怪类的公众号文章最好不要采用这种做法。虽然这类夸张奇异的标题能一时吸引搜索者的眼球，但是不符合文章实际内容的标题也很容易引起读者的反感。

（2）正文内容匹配度。不只文章标题，正文内容也有主题跑偏、不符合实际的情况，在微信公众号中最常见于各类广告软文中。

对于这类广告软文，多数搜索者是十分反感的，毕竟花费了时间和精力去搜索，得到的却是与目标无关的东西。对此，运营者可以从标题和内容出发来增加文章搜索匹配度，一是在标题中添加"推广""好物"等标签，提醒搜索者这是广告软文；二是将广告推荐产品融入正文主题中，让搜索者在看到广告的同时也能获得搜索目标。

## 4.2.6　主动挖掘，新关键词

当运营者的内容主题定下的时候，运营者很难再想到与主题相关的其他关键词，思路很容易被已有的关键词或常用的关键词限制住，但是搜索信息的用户的思维没有被限制，用户会根据不同时刻的需求想到各种各样的关键词。

这时，运营者就需要具备能够发现用户搜索关键词的技能，那么，如何具备这样的发现技能呢？运营者应从发掘新的关键词入手，下面以图解的形式分析介绍，如图 4-23 所示。

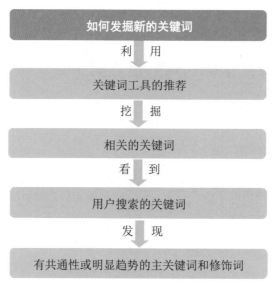

图 4-23　如何发掘新的关键词

## 4.3　营销词汇，设置技巧

对于商家或企业来说，没有质量、没有效率的曝光率自然得不到订单，如果商家认为产品的品牌影响力还没有达到深入人心的地步，那么，运营者可以从产品关键词的设置上入手，通过合理的关键词设置来获得曝光率。下面介绍 5 种设置关键词营销的技巧。

### 4.3.1　用户角度，进行思考

微信营销的优势是能够消除人与人之间的距离感，运营者要想知道用户如何搜索，就必须从用户的角度去思考、选词，积累用户的搜索习惯。

#### 1. 搜索习惯

搜索习惯是指用户在搜索自己所需要的信息时，所使用的关键词形式。对于不同类型的产品，不同的用户会有不同的思考和搜索习惯。无论用户是在网站上搜索，还是在微信上搜索，用户的搜索习惯始终不会改变。这时，运营者就应该优先选择那些符合大部分用户搜索习惯的关键词形式。

一般来说，用户在进行搜索时，输入不同的关键词会出现不同的搜索结果，对于同样的内容，如果用户的搜索习惯和账号所要表达的关键词形式存在差异，那么，页面的相关性就会大大降低，甚至会被排除在搜索结果之外，因为大部分用户在寻找A页面，而你提供的却是B页面。因此，运营者在进行关键词设置时，可以通过统计用户在寻找同类产品时所使用的关键字形式，分析用户的搜索习惯，不过这样的关键字只适用于同类产品。

例如，要分析用户在微信文章中的搜索习惯，可以在微信文章搜索栏中搜索"摄影"，搜索栏下方会显示出"摄影大赛""摄影技巧""摄影比赛""摄影展"和"摄影作品"这5个结果，如图4-24所示。

**图4-24　微信文章搜索"摄影"**

由图4-24可以看出，搜索量大的结果会靠前显示，比较符合用户的搜索习惯，如"摄影大赛"。

### 2．浏览习惯

一般上网进行搜索的时候，人们大多数都是在用眼球扫描搜索结果，而在扫描过程中，通常只会注意到难的、需要集中精力研究和阅读的内容，往往会无意识地忽略对自己不重要的信息，而将主要精力集中在对自己有用的信息上面。所以，人们的浏览习惯除了会受到主观因素影响之外，还会受到自己眼球轨迹的影响。

据著名的美国研究网站的设计师发表的《眼球轨迹的研究》报告显示，在阅读网页时，大多数人的眼球都会不由自主地以"F"形状进行扫描阅读，然后形成一种固定的阅读习惯，让网页的呈现越来越趋向于F形，如下所示。

（1）目光水平移动。首先浏览网页最上部的信息，形成一个水平浏览轨迹。

（2）目光短范围水平下移。将目光向下移动，扫描比水平移动时短的区域。

（3）目光垂直浏览。然后将目光沿网页左侧垂直扫描，在浏览网页时，垂直浏览的速度会比之前慢，也比较有系统性、条理性，对寻找最终信息有着至关重要的作用。

运营者知道了大多数人浏览网页的习惯后，就可以沿着这样的眼球浏览轨迹进行关键词设置，以吸引浏览者的眼光。眼球浏览轨迹，如图 4-25 所示。

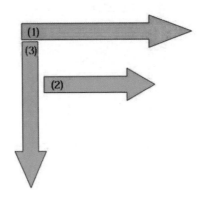

图 4-25　眼球浏览轨迹

**3．阅读习惯**

人们的阅读习惯已经从传统的纸张转向互联网，又从互联网延伸到了移动互联网，尤其是手机 App 应用和微信公众号的发展，使移动端成为人们阅读的首选。

## 4.3.2　学习对手，借鉴经验

常言道：知己知彼，百战不殆。在设置关键词时，建议运营者深入了解竞争对手的公众号，摸清竞争对手的关键词及布局情况，这样不仅能找到优化漏洞，还能掌握目前关键词的竞争热度，以便进行人力优化部署，具体方法如下。

（1）运营者在微信搜索中搜索与自己产品相关的关键词时，要重点查看和摘录在搜索中排名靠前的关键词，然后作对比分析。

（2）运营者到网站上查询与搜索结果显示出来的排名靠前的公司信息，或直接在微信搜索中搜索这些公司的公众号，然后分析它们的网站目录描述或公众号功能介绍，查看核心关键词或辅助关键词，统计出竞争者名单。

（3）运营者分析自己账号上的用户信息，将客户购买的产品信息中出现的关键词统计出来，可按关键词的重要程度进行分类汇总，找出用户关注的重点关键词，从而进行更精准的布局。

### 4.3.3 故事引入，体现主题

用故事做引导这种类型的文章推广必须由高手来撰写，不然很容易偏题，过分注重故事的讲述，反而会忽略文章关键词的诱导。

好的故事应该紧紧围绕关键字本身来撰写，也就是为了这个关键字特别定做的一个故事。而且脑海里时时刻刻都要有关键字的概念，任何一句话，或者包袱的铺垫最后都要归结到关键字上。

如图4-26所示，为微信公众号"手机摄影构图大全"的关键词诱导，在前文中，作者通过自己的故事引入，引出关键词，运营者可以借鉴。

**图 4-26　故事诱导关键词**

### 4.3.4 娱乐八卦，借势明星

谈论八卦是人们生活中不可缺少的娱乐方式，一般来说，八卦新闻类微信视频号、公众号、小程序和朋友圈最容易吸引广大的微信用户，如果运营者想通过八卦新闻来选择关键词，需要注意八卦的方向，过于负面的明星八卦会引起明星粉丝的不满，不利于账号的持续发展。

对于明星效应笔者有自己不同的看法，与其介绍现有的明星，还不如制造属于自己的明星，打造个人IP。

现在十分火热的网红，完全是由网友捧起来的明星，所以，运营者可以利用热点，然后借机设置关键字炒作，引起网友热议，以此达到一鸣惊人的宣传效果。

例如，随着《青春有你2》这档节目的热播，一位名叫虞书欣的选手迅速蹿红，而众多微信公众号也借此推出了与虞书欣相关的文章，并获得了大量微信用户的关注，具体如图 4-27 所示。

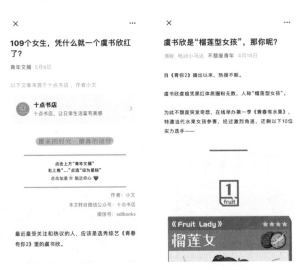

图 4-27　微信公众号借助娱乐八卦获取关注

### 4.3.5　情感导入，心得体会

很多微信公众号都会用一些心得体会来吸引读者，这主要是利用人们的同感来寻找彼此心灵上的融合点，通过这样大多数人都有的、共同性比较强的感受，引起读者关注公众号。

比如，作为一个 90 后，现在都比较关注娱乐新闻，在看一部电视剧、电影或其他类节目时都会有自己的看法和心得，随即很自然地引出这些心得体会的来源，顺理成章地插入关键词，让读者在阅读文章时，有一样的体验和感受的前提下再自然地过渡到对应的关键字上。这样的诱导技术我们称作顺理成章型，营销效果非常好。

## 4.4　内容排名，优化策略

从微信搜索的组成部分来说，运营者可以从 4 个指定搜索内容的方向进行关键词优化。

## 4.4.1 文章排名，提升优化

微信搜索的排名优化主要是对微信账号和内容的排名做优化，优化的方法有很多，但是有明显变化的优化方法却很少。下面介绍几种有效的优化排名的方法。

（1）微信内容关键词出现次数为 3 ~ 5 次。

（2）自然地出现关键词，不能刻意为之。

（3）内容第一段和最后一段出现关键词。

（4）在微信的图片名称中加入关键词。

（5）对关键词进行加粗或斜体处理。

（6）原创的微信内容，忌多次转载。

（7）在微信评论中加入关键词引导。

（8）内容围绕页面的关键词展开，与主题相关。

## 4.4.2 判断趋势，预测热点

许多关键词都会随着时间的变化而具有不稳定的升降趋势，运营者掌握关键词的预测相当重要，下面从两个方面分析介绍如何预测关键词。

### 1. 预测社会热点关键词

社会热点新闻是人们关注的重点，当社会新闻出现后，会出现一大拨新的关键词，搜索量高的关键词就叫热点关键词。因此，运营者不仅要关注社会新闻，还要学会预测热点，抢占最有利的时间预测出热点关键词。下面介绍一些预测热点关键词的方法，如图 4-28 所示。

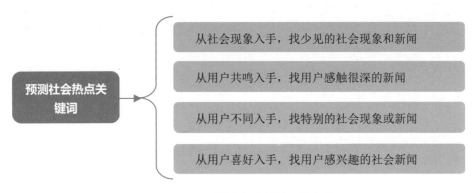

图 4-28 预测社会热点关键词的方法

### 2．预测季节性关键词

关键词的季节性波动比较稳定，主要体现在季节和节日两个方面，如服装产品的季节关键词包含四季名称，即春装、夏装等；节日关键词包含节日名称，即春节服装等。季节性关键词预测还是比较容易的，运营者除了可以从季节和节日名称上进行预测，还可以从以下几方面进行预测，如图4-29所示。

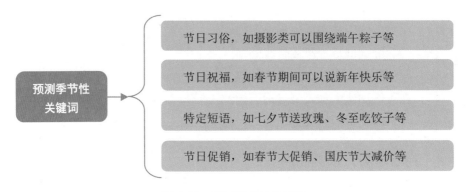

**图4-29　预测季节性关键词**

## 4.4.3　关注当下，选择热词

热门与热点不同，热门是表示关键词已经出来，并且本身具有高的搜索量，主要在于关键词的选择，不需要运营者预测。那么，热门关键词该如何选择呢？运营者可以从如下几个方面进行分析，选择当下热门的关键词。

（1）社会热点现象、新闻。

（2）即将播出的影视剧。

（3）近期的体育动态。

（4）当红或走红的明星。

（5）生活小窍门、小技巧。

（6）原创的、引人深思的内容。

（7）点击量高的微信内容。

（8）身边人都在关注的事情。

（9）微信热点内的新闻。

### 4.4.4 使用符号，构建连接

微信用户在微信文章搜索中使用关键词搜索时，通常搜索结果中用"（）""【】"等符号连接了关键词的内容也会显示出来，如图4-30所示。

**图4-30 微信文章搜索结果界面**

可以看到图4-30搜索的关键词不同，左图是"深度构图"，右图是"构图连载"，但是搜索结果中同一篇拥有这两个关键词的文章都会出现。由此可以看出，微信搜索的关键词搜索匹配度算法非常高，运营者在"（）"中连接关键词的方法达到了优化的目的。因此，运营者在发布微信公众号文章时，可以采用符号连接关键词的方法提高排名。

# 第5章

# 引流技巧，高效增粉

**学前提示**

通常来说，一个账号的粉丝越多，账号的影响力就越大。因此，如果微信视频号、公众号、小程序和朋友圈运营者要想增强自己账号的影响力，就要着重提高账号的粉丝量。

那么，如何实现账号的高效增粉呢？本章就来为大家介绍一些引流技巧，帮大家找到更多高效增粉的方法。

**要点展示**

▶ 吸粉秘诀，持续增粉

▶ 实用功能，快速引流

## 5.1　吸粉秘诀，持续增粉

做什么事都需要找到正确和高效的方法，做微信视频号、公众号、小程序和朋友圈引流也是如此。接下来重点介绍 6 种吸粉方法，帮助各位运营者源源不断地获得粉丝。

### 5.1.1　引人入胜，多样引流

不管是以前的网络营销，还是现在的微信营销，只有丰富的、有趣的、有特点的内容才更能吸引人。在微信账号的运营中，很多运营者需要通过多层次、多角度地去展现内容，再配上诸多实用性的和个性定制的功能，来吸引粉丝的关注。下面来介绍微信账号运营中 3 个利用内容吸引用户的要点。

#### 1．内容富有个性

个性化内容是运营者最难把握的一个要点。因为要打造真正意义上的个性化内容，既没有标准，又不是一件很容易就达成的事，特别是在需要持续更新内容的情况下，会是一项很艰巨的任务。

想要简单易操作的话，运营者可以取巧，以表达形式的个性化代替内容内涵的个性化，即利用图文、音频、短视频和文字等诸多形式来推广，这也是打造富有特色的个性化内容的技巧之一。

#### 2．内容丰富有趣

丰富有趣，是指微信账号的内容要有足够的新意和吸引人的地方，就算不能做到让内容全部都具有创意和新意，也要做到让发布的内容不至于太过空洞无聊。另外，"情感类"的内容也可以归类到丰富有趣的内容中，能引发用户情感上和心理上的共鸣，也是很吸引粉丝的。

#### 3．带来利益驱动

利益驱动，是指运营者主动适应用户需求，发布的内容具备一定的实用性，既可以为用户传授生活常识，也可以为用户提供信息服务。总而言之，用户能够从推广的内容中获取到某种形式或某方面的利益,他们才会成为产品和账号的追随者。

### 5.1.2　利用活动，调动用户

运营者可以利用微信视频号、公众号、小程序和朋友圈多策划一些有趣的活动，以此来调动用户参与活动的积极性，从而拉近账号与用户的距离，并以此留住用户。

除了发布活动之外，运营者还可以通过其他的活动策划来拉近与用户之间的距离。例如，通过问卷调查了解用户的内在需求、通过设置各类专栏与用户展开积极的互动等，只有用户参与其中了，才会对你的账号有归属感和依赖感。

无论是大品牌企业，还是小品牌企业，为粉丝定期策划一些有心意的活动，都能有效地增强粉丝黏性，而在有新意的活动策划中，最重要的一个环节就是对目标群体和活动目标进行分析。具体内容包括：企业的目标人群；目标人群的需求；吸引目标人群的内容；本次策划活动的最终目的。

只有对自己的目标用户和营销目的有了专业的、精准的定位分析，才能策划出吸引人的活动方案，而只有企业策划出了吸引人的活动方案，才能留住用户，增加粉丝的黏性。

相对于传统的营销活动来说，微信活动的策划并不拘泥于某种固定的形式，运营者可以采用某种单一的形式，也可以同时兼具多种方式进行活动策划。

微信策划活动如果做得好，还可以打通线上线下，这样不仅加大了宣传的力度，同时也获得了更多的用户关注，吸引更多用户参与。

## 1．线上活动策划

线上活动有很多种，比如抽奖、转盘、转发有礼等，企业和个人微信公众号运营者可以根据本身的需求选择合适的方式进行活动的策划和运营。

首先，作为活动策划的运营人员，需要了解自己的职责。

（1）负责方案的策划、沟通及执行。

（2）负责活动数据整理及效果分析。

（3）负责活动的监测和改进。

（4）负责活动环节设计和具体落实工作。

（5）能够深度了解用户的需求。

（6）能够把握活动风险情况。

对于微信运营者而言，还需要撰写相应的活动方案。通常来说，一个完整的活动方案包括如下内容：活动主题、活动对象、活动时间、活动规则、活动礼品设置、活动预计效果以及活动预算。

在活动结束后，微信运营者需要针对活动撰写一份活动报告总结，分析活动的总体效果，有哪些突出的亮点，还有哪些方面需要改进等。

### 2．线下活动策划

线下活动策划和执行时，运营人员的主要工作如下。

（1）负责方案的策划和执行。

（2）负责活动数据整理及效果分析。

（3）负责活动的监测和改进。

（4）根据活动要求考察活动场地。

（5）和合作方或者供应商洽谈活动细节。

（6）对活动现场的人力、物力安排进行调度。

（7）组织搭建活动现场。

线下活动相比线上活动来说，有时候更复杂，从活动策划、场地安排、人员管理到活动预算、现场演讲安排、互动游戏等多方面都有涉及。

## 5.1.3　线上微课，知识吸粉

线上微课是指按照新课标及其教学实践的要求，以多媒体资源（电脑、手机等）为主要载体，记录教师在课堂内外教育教学过程中围绕某个知识点而开展的网络课程。

线上微课的主要特点如下：教学实践较短、教学内容较少、资源容量小、资源组成情景化、主题突出、内容具体、草根研究、趣味创作、成果简化、多样传播、反馈及时、针对性强。

如图 5-1 所示，为某微信公众号推出的线上微课推广文章。可以看到，该微信公众号运营者就是通过在文章中插入微课视频和相关内容介绍，来引导用户学习英语音节的划分的。

图 5-1　线上微课

### 5.1.4 硬件助力，提高效果

运营者在进行微信视频号、公众号、小程序和朋友圈引流的过程中，还可以通过微信广告机、Wi-Fi 和二维码发票这 3 种硬件设备来吸粉，提高引流的效果。

#### 1. 用微信广告机来吸粉引流

微信广告机是一款硬件产品，可以通过加好友、群发消息，快速而精准地推广账号和内容，现在很多运营者都使用微信广告机做推广。微信广告机的商业价值主要包括 5 个方面。

（1）多功能终端。粉丝在体验照片快捷打印的时候，广告机通过事先设置好的微信宣传方案，可以让粉丝快速关注运营者的账号，以此来提升账号的关注度。

（2）全方位宣传。广告机可以用它本身带有的视频、图片以及一些其他功能进行宣传，不仅如此，正在不断更新的广告模式可以让广告机通过网络远程来宣传产品广告，且能分频管理宣传，让每一个广告都有效地宣传进群众中。

（3）照片互动宣传。微信广告机通常具备照片打印功能，10 秒钟就可打印一张照片，可采取打印手机照片收费的方式来增加收益。照片下端还可印刷广告，给粉丝关注账号进行一个"长尾宣传"，把广告信息和品牌价值传递给更多的人。

（4）提升品牌形象。用户可以通过微信广告机制作自己的 LOMO 卡（即通过自己 DIY 设计的小卡片），提升产品在用户心中的形象，让品牌传播从被动变为主动。这不仅能巩固现有的消费者，更能带动潜在消费者，实现品牌价值快速提升。

（5）微信加粉利器。用照片的方式与用户进行互动，既方便快捷地给用户直观、真实的感受，节省了广告成本，又能让用户主动扫描二维码，达到吸粉的效果，提高运营者的销售额和账号的关注度。

#### 2. 用 Wi-Fi 来吸粉引流

现在有种吸粉神器，可通过关注微信公众号实现 Wi-Fi 上网功能的路由器，特别适合线下商家。再好的线下商家，也需要做 Wi-Fi 入口导航，否则很难从线上积累粉丝。用 Wi-Fi 广告软件，可以将微信公众号引流做到极致。

例如，WE-WIFI 是国内独家基于微信公众号关注关系，实现"免费 Wi-Fi + 微信关注即登录"的 Wi-Fi 上网与认证产品，用户无须重复认证上网操作，只要微信的关注一直保持，下次到店即可自动连上 Wi-Fi。

### 3．用二维码发票来吸粉引流

消费者在购物时，通常会向商家索要发票，有一些商家的发票上是携带着公众号二维码的，这些发票就是使用二维码发票打印机进行打印的。

随着打印机技术的发展，二维码发票打印机也成了时尚的选择。这种带有微信公众号二维码的发票具有更好的引流功能，在使用过程中受到了线下商家的喜爱。

## 5.1.5 征稿大赛，高效引流

运营者可以通过在微信视频号、公众号、小程序和朋友圈上开展各种大赛活动，进行吸粉引流。这种活动通常在奖品或者其他条件的诱惑下，参加的人比较多，而且通过这种大赛获得的粉丝质量都会比较高，因为他们会更加主动地去关注账号的动态。运营者可以选择的大赛活动类型非常多，但是原则上是尽量和自己所处的行业领域有关联，这样获得的粉丝才是高价值的。

运营者可以根据自己的账号类型，在平台上开展征稿大赛，这种做法可以是为自己的平台要推送的文章进行征稿，也可以是为自己平台的产品进行的征稿活动。采用征稿大赛吸粉引流，可以借助设置一定的奖品来提高粉丝的参与度。

运营者可以举行一次征稿活动大赛，如果活动过程中涉及网络投票，那么在这个环节就一定要注意刷屏情况的出现。在征稿大赛活动中，防止刷票非常重要。这样能给每一位参赛者一个公平竞争的机会，确保选出的获胜者拥有真正的实力，也能够有效地防止运营者以及参赛者的账号被平台系统封号。

运营者在策划征稿活动大赛的时候，在投票环节还需要注意的一点是，要做好用户的投票体验。做好用户的投票体验指的是，用户在给参赛者投票的时候，投票的方式要尽可能方便一些，不要太过于烦琐。

提升用户投票体验和效率可以通过在投票平台上设置一些小功能来实现。例如，运营者可以在投票页面设置一个搜索栏，这样用户进入投票页面后，就可以直接在搜索栏中搜索参赛者的名字或者参赛号码，然后就可以给参赛者进行投票。这种方法可以防止参赛者排名靠后，用户需要一页一页浏览去寻找参赛者而带来的麻烦。只要将用户的投票体验提升了，用户的投票效率自然而然就会相应地有所提高。

## 5.1.6 大号互推，建立矩阵

大号互推，是账号营销和运营过程中比较常见的引流技巧，其实质是运营者和运营者之间建立账号营销矩阵（指的是两个或者两个以上的运营者，双方或者多方之间达成协议，进行粉丝互推，提升双方的曝光率和知名度，最终有效地吸引粉丝关注），从而达到共赢的目的。

### 1. 寻找合适大号进行互推

大号互推，其结果要求是双赢，因此，在选择合作的大号方面要慎重，要双方得利，这样才能合作愉快并维持稳定的互推关系。那么，从自身方面来看，运营者应该怎样选择适合自己的大号呢？

1）大号是否名副其实

如今，不同的平台，不仅粉丝数量有差异，粉丝质量同样参差不齐，使得有些"大号"不能称之为真正意义上的大号，这就要求运营者对想要合作的账号有一个判别的能力。

具体来说，可从新榜、清博等网站上的统计数据来查看其平台内容的阅读数、点赞数、评论数和转发率等参数。当然，有些平台账号的这些参数明显是有水分的，就比如一个平台账号每天推送的内容的阅读数、点赞数都相差无几，这时候就要多加注意了，其参数的真实性值得怀疑。

2）用户群、地域是否契合

一个账号的用户群和地域分布，一般是有其规律和特点的，运营者可以从这一点出发来选择合适的大号。首先，在用户群方面，就应该选择那些有着相同用户属性的大号，这样才能将大号的用户群吸引过来。

其次，从地域分布来看，假如运营者想在某个区域做进一步的强化运营，那么就可以选择那些在这个区域有着明显品牌优势的大号；如果运营者想要做更大范围内的运营，就应该选择那些业务分布广泛的大号。

3）选择合适的广告位

无论是线上还是线下营销和推广，广告位都非常重要。需要特别注意的是，运营者在选择广告位时要尽可能地选择最合适自身平台的。选择大号互推也是如此。

一般来说，植根于某一平台的大号，它所拥有的广告位并不是唯一的，而是多样化的，而且越是大号，其广告位也就越多，而效果和收费也各有不同。此时就需要运营者从自身需求、预算和内容等角度出发，量力而行进行选择了。

在微信平台中，其广告位有头条和非头条之分，头条和非头条的价位是明显不同的。除了这些呈现在内容推送页面的广告位外，还有一些是位于推送内容中间或末尾的，如 Banner 广告（末尾）和视频贴片广告（中间）等，这些广告既可以按条收费，也可以根据广告效果来收费。

### 2．最大限度地提升互推效果

在找到了互推资源并确定了一定范围内的适合互推的大号后，接下来运营者要做的就是怎样最大限度地提升互推效果，也就是应该思考哪种互推形式才能获取更多的关注和粉丝。

1）筛选大号

通过筛选确定参与互推的大号是提升互推效果的关键一环。此时可以从两个方面考察，即互推大号的调性和各项参数。

从调性方面来看，首先应该确认筛选的参与大号是否适合自身内容和账号的推送，假如不适合，那么，这个账号的粉丝再多也是不可取的。

互推大号的重要参数主要包括粉丝数、阅读数、点赞数和评论数等。一般来说，这些数据是成正比的，然而也有例外，有时粉丝数差距在 10 万～ 20 万，但阅读数相当，因此运营者应该根据一段时间内比较稳定的数据来筛选互推大号。

对上述两个方面进行综合比较和分析之后，接下来运营者要做的就是最终确定筛选结果和选定互推的参与大号了。此时要提醒大家的是，不要忘记关注各个新媒体平台的排行榜，综合参考效果将更佳。

2）建立公平规则

运营者在文案中进行互推时，建立公平的规则是很有必要的，只有这样才能长久地把互推工作进行下去，否则互推极有可能会半途夭折。运营者可以通过两种方法设定公平的互推规则，即"一头独大"的固定式互推排名和"百花齐放"的轮推式互推排名，具体内容如下。

"一头独大"的固定式互推排名：其中的"固定"意在组织者或发起人的排名是固定的，而不是指所有的互推的排名都是固定不变的，其他大号的排名是以客观存在的账号排行上的某一项参数或综合参数为准来安排的。这种排名方式一般是对组织者或发起人有利的方式，但是并不能说这种方式是不公平的，因为相对于其他大号来说，组织者或发起人的工作明显更繁重，所有相关的互推工作都需要统筹和安排。

"百花齐放"的轮推式互推排名：为了吸引那些质量比较高、互推效果好的大号参与，组织者或发起人也有可能选择轮推的方式进行互推排名。这里的"轮推"是把组织者或发起人安排在内的，他（她）也按照轮推的方式进行互推排名，而不是像"一头独大"的固定式互推排名那样总是排在互推的第一位。

3）创意植入广告

运营者如果进行账号的强推互推，不仅达不到预期的效果，反而会引起用户不满。对此，运营者可以通过创意文案来增强互推效果。运营者要想在文案中植入互推广告，必须把握两个字："巧"和"妙"。那么具体如何做到这两点呢？有以下几个策略可供参考。

图片植入法：相比纯文字的信息，图片加软文的方式更受用户群的欢迎。通过加入图片来进行表达或者描述互推的账号，会更容易收到效果。

视频植入法：在软文中加入一段互推大号的视频或者音频，宣传效果会更好，如果还想要获得更好的效果，可以邀请名人或明星来参与录制，若觉得请名人、明星的成本太高，可以让大号门面人物来录制。

舆论热点植入法：我们的手机上每天都会接收到各种各样关于网络舆论热点人物或者事情的报道，它们的共同特点就是关注度高。运营者可以借助这些热点事件撰写内容，然后将互推广告植入进去。

故事植入法：故事因为具备完整的内容和跌宕起伏的情节，所以比较吸引大家的目光，关注度相对较高。运营者植入互推广告时，可以充分借用这一手段，改变传统的广告硬性植入方式。

## 5.2 实用功能，快速引流

除了常见的吸粉方法之外，运营者还需要掌握一些实用功能，并借助这些功能快速地为自己的账号获取流量。

### 5.2.1 评论引流，提高活跃

许多用户在看运营者发布的内容时，会习惯性地查看评论区的内容。再加上部分用户如果觉得视频内容比较有趣，还可以通过 @ 其他账号等方式，吸引其他用户前来观看该内容。因此，如果运营者的评论区利用得当，便可以起到不错的引流效果。

有时候，运营者发布的内容篇幅相对有限，有的内容需要进行一些补充，运营者便可以通过评论区的自我评论进一步表达。另外，在内容刚发布时，可能看到该内容的用户不是很多，也不会有太多的用户会主动进行评论。如果此时运营者进行自我评论，也能在一定程度上起到提高内容评论量的作用。

除了自我评价补充信息之外，运营者还可以通过回复评论解答用户的疑问，引导用户的情绪，提高产品的销量。回复评论也不是一件简单的事，还有一些需要注意的事项，具体如下。

### 1．第一时间回复评论

运营者应该尽可能在第一时间回复用户的评论，这主要有两个方面的好处。一是快速回复用户能够让用户感觉到你对他（她）很重视，这样自然就能增加用户对你和你的账号的好感；二是回复评论能够在一定程度上增加内容的热度，让更多的用户看到你发布的内容。

那么，如何做到在第一时间回复评论呢？比较有效的方法就是在内容发布的一段时间内，及时查看用户的评论。一旦发现有新的评论出现，要在第一时间作出回复。

### 2．不要重复回复评论

对于相似的问题，或者同一个问题，运营者最好不要重复进行回复，这主要有两个原因。

一是很多运营者回复的评论中或多或少会有一些营销的痕迹，如果重复回复，那么，整个评价界面便会看到很多有广告痕迹的内容，而这些内容往往会让用户产生反感情绪。

二是相似的问题，点赞相对较高的问题会排到评论的靠前位置，运营者只需对点赞较高的问题进行回复，其他有相似问题的用户自然就能看到。而且这还能减少评论的回复工作量，节省大量的时间。

### 3．注意规避敏感词汇

对于一些敏感的问题和敏感的词汇，运营者在回复评论时一定要尽可能地进行规避。当然，如果避无可避也可以采取迂回战术，如不对敏感问题作出正面的回答、用一些其他意思相近的词汇或用谐音代替敏感词汇。

## 5.2.2　借助转发，分享内容

微信视频号、公众号和小程序中都设置了分享转发功能，运营者可以借助该功能，将已发布的内容分享到对应平台上，从而达到引流的目的。那么，如何借助分享转发功能引流呢？接下来就以微信公众号为例对具体操作步骤进行说明。

步骤 01 进入需要分享的微信号文章页面，点击右上方的 ⋯ 按钮；操作完成后会弹出一个列表框，在列表框中为运营者提供了多种内容分享转发方式。在这里，就以"发送给朋友"为例进行说明。因此，在此处点击的是"发送给朋友"按钮，如图5-2所示。

步骤 02 操作完成后，进入"选择一个聊天"界面，选择需要发送的对象，如图5-3所示。

图5-2 点击"发送给朋友"按钮

图5-3 选择微信好友

步骤 03 操作完成后，弹出"发送给"界面，点击对话框中的"发送"按钮，如图5-4所示。

步骤 04 进入微信聊天页面，如果页面中出现微信公众号文章的链接，就说明文章分享成功了，如图5-5所示。

图5-4 点击"发送"按钮

图5-5 出现微信公众号文章链接

运营者将微信公众号文章发送给用户之后，便相当于为用户提供了一个查看对应内容的便利入口。用户只需点击分享的链接，便可以直接进入对应的页面，查看微信公众号文章。也正是因为查看便利，所以许多用户收到运营者分享的内容之后，都会选择点击查看。这样无形之中便为分享的微信公众号带来了一定的流量。

### 5.2.3　账号推荐，分享名片

运营者除了可以分享转发已发布的内容外，还可以将账号作为一张名片分享给目标用户。下面就以微信视频号为例，来介绍具体的操作步骤。

**步骤 01**　进入微信视频号个人主页界面，点击界面右上方的 ••• 图标，如图 5-6 所示。

**步骤 02**　操作完成后，进入"设置"界面，选择界面中的"我的名片"选项，如图 5-7 所示。

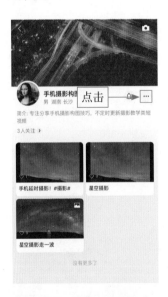

图 5-6　点击 ••• 图标　　　　图 5-7　选择"我的名片"选项

**步骤 03**　进入"我的名片"界面，点击界面右上方的 ••• 图标，会弹出一个列表框。在列表框中选择"分享名片"选项，如图 5-8 所示。

**步骤 04**　操作完成后，进入"选择一个聊天"界面，在界面中选择需要分享名片的对象，如图 5-9 所示。

图 5-8　选择"分享名片"选项　　　　　图 5-9　"选择一个聊天"界面

步骤　05　操作完成后，会弹出"发送给"界面。确认发送对象无误后，点击"发送"按钮，如图 5-10 所示。

步骤　06　操作完成后，如果聊天界面中出现了微信视频号名片，就说明名片分享操作成功了，如图 5-11 所示。另外，收到名片的微信好友或微信群成员只需点击该名片，便可以直接进入对应微信视频号的主页界面。这也能在一定程度上增加微信视频号主页的访问量。

图 5-10　点击"发送"按钮　　　　　图 5-11　名片分享成功

## 5.2.4 添加话题，增加讨论

用户通常会对自己关注的话题比较感兴趣，针对这一点，运营者在生产和发布内容时可以借助添加话题功能，在内容中添加用户感兴趣的话题，从而引起用户的热烈讨论，让内容获得更多的流量。那么，如何在发布的内容中添加话题呢？下面就以微信视频号为例，讲解具体的操作步骤。

**步骤 01** 在微信视频号中上传或拍摄视频或图片，进入内容发布界面，点击界面中的"# 话题 #"按钮，如图 5-12 所示。

**步骤 02** 操作完成后，内容发布界面的文字输入栏中将出现"##"，如图 5-13 所示。

图 5-12 点击"#话题#"按钮　　　　图 5-13 出现"##"

**步骤 03** 在两个"#"之间输入话题的名称，如"延时摄影"，点击界面上方的"发表"按钮，如图 5-14 所示。

**步骤 04** 操作完成后，微信视频号内容就发布成功，如果该内容的文字说明中出现了话题，就说明话题添加成功了，如图 5-15 所示。

对于微信视频号运营者来说，添加话题的操作是比较简单的。但是，要想让更多微信视频号用户参与到话题中，还得想办法让添加的话题吸引更多微信视频号用户的兴趣。对此，微信视频号运营者可以选择添加当前的热门话题，或者在一个微信视频号内容中添加多个热门话题。

图 5-14　点击"发表"按钮

图 5-15　话题添加成功

## 5.2.5　位置展示，吸引围观

一般来说，用户对于与自己有关联的内容，往往会更感兴趣一些。对此，运营者不仅可以发布微信视频号用户感兴趣的内容，还可以通过位置的展示，吸引同城，或者对该位置感兴趣的用户的注意，从而让发布的内容被用户围观。

那么，如何在发布的内容中展示运营者所在的位置呢？下面就以微信视频号为例，对具体的操作步骤进行说明。

步骤 01　在微信视频号中上传或拍摄视频或图片，进入内容发布界面，选择界面中的"所在位置"选项，如图 5-16 所示。

步骤 02　进入"所在位置"界面，选择对应的位置，如图 5-17 所示。

步骤 03　操作完成后，被选择的位置后方如果显示 ✓ 图标，就说明位置选择成功了。位置选择成功后，点击界面上方的"完成"按钮，如图 5-18 所示。

步骤 04　操作完成后，将会返回内容发布界面，如果界面中显示设置的位置，就说明位置设置成功了。位置设置成功后，点击界面上方的"发表"按钮，如图 5-19 所示。

图 5-16　选择"所在位置"选项

图 5-17　"所在位置"界面

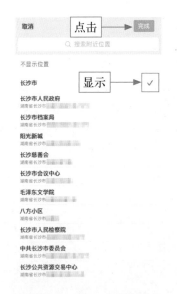

图 5-18　点击"完成"按钮

图 5-19　点击"发表"按钮

**步骤 05**　操作完成后，微信视频号内容发布成功，如果该内容的文字说明下方出现了刚刚设置的位置，说明微信视频号内容中的位置展示成功了，如图 5-20 所示。

如果微信视频号内容中设置了位置展示，那么，微信视频号用户只需点击该位置展示，就可以查看对应位置的相关动态了。

　　例如，微信视频内容中设置的位置是长沙市，当微信视频号用户点击该位置展示时，便可以进入"长沙市"界面，查看微信视频号中将位置设置为长沙市的动态内容，如图 5-21 所示。

图 5-20　位置展示成功

图 5-21　"长沙市"界面

### 5.2.6　插入链接，打通公众号

　　微信公众号是许多自媒体运营者发布图文内容的一个重要平台，而微信视频号则是发布视频和图文信息的一个平台。所以，为了使微信视频号打通微信公众号，微信视频号平台中提供了"扩展链接"功能，让微信视频号运营者可以在发布的内容中插入微信公众号的文章链接。

　　在微信视频号中插入微信公众号的文章链接具体操作步骤如下。

**步骤 01**　　进入微信公众号平台，找到需要插入链接的文章，点击文章界面上方的 ●●● 按钮；操作完成后，界面中会弹出一个列表框。点击列表框中的"复制链接"按钮，如图 5-22 所示。

**步骤 02**　　在微信视频号中上传或拍摄视频或图片，进入内容发布界面。可以看到，此时界面的下方会显示链接信息。选择界面中的"扩展链接"选项，如图 5-23 所示。

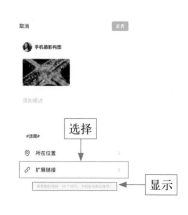

**图 5-22　点击"复制链接"按钮**　　　　**图 5-23　选择"扩展链接"选项**

**步骤 03**　　操作完成后，进入"扩展链接"列表框，轻触列表框下方的链接信息，将链接粘贴至列表框中的链接输入栏中；点击上方的"添加"按钮，如图 5-24 所示。

**步骤 04**　　操作完成后，返回内容发布界面，如果界面中出现了微信公众号文章的名称，就说明链接添加成功了。链接添加成功后，点击上方的"发表"按钮，如图 5-25 所示。

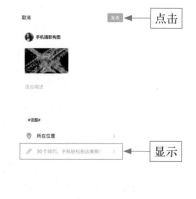

**图 5-24　　"扩展链接"列表框**　　　　**图 5-25　点击"发表"按钮**

**步骤 05**　　操作完成后，微信视频号内容发布成功了，如果该内容的文字说明下方出现了微信公众号的文章链接，就说明微信视频号内容中的扩展链接设置成功了，如图 5-26 所示。

链接设置成功之后，微信视频号用户在看到发布的微信视频号内容之后，只需点击扩展链接，便可进入微信公众号，查看对应的微信公众号文章，如图 5-27 所示。

图 5-26　扩展链接设置成功　　　　图 5-27　点击链接查看微信公众号文章

### 5.2.7　关联功能，实现互通

微信中与小程序联系最密切的当属微信公众号了。只要让它们合作，就有可能获得商机。而借助关联功能，微信小程序和公众号基本上可以说已经被打通了。微信小程序和公众号关联起来的具体操作步骤如下。

**步骤 01**　登录微信公众平台，单击左侧菜单栏中的"小程序关联"按钮，进入"小程序管理"界面；单击界面中的"添加"按钮，如图 5-28 所示。

图 5-28　单击"添加"按钮

步骤 02 执行操作后，界面中将弹出"添加小程序"界面，选择该界面中的"关联小程序"选项，如图 5-29 所示。

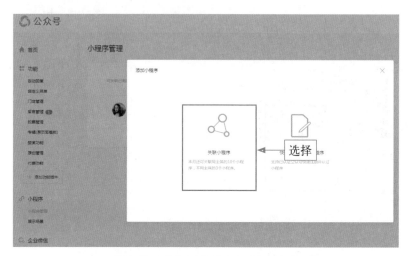

图 5-29 选择"关联小程序"选项

步骤 03 完成上述操作后，页面中将弹出"关联小程序"界面，运营者只需在该界面中验证身份，便可完成关联小程序的操作，如图 5-30 所示。

图 5-30 "关联小程序"界面

步骤 04 操作完成后，如果系统发送了"公众号关联小程序通知"，就说明关联操作成功了，如图 5-31 所示。

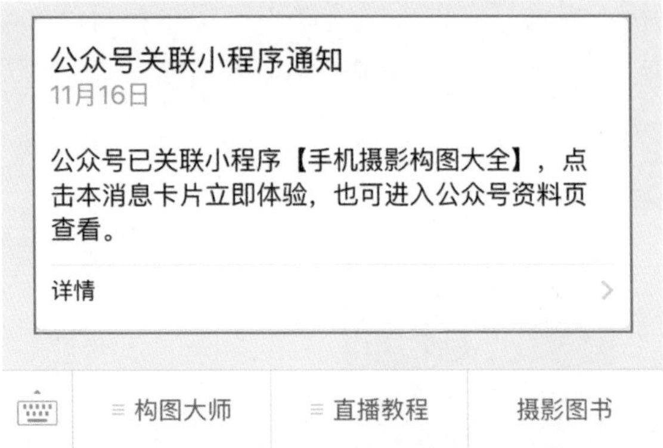

公众号关联小程序通知

11月16日

公众号已关联小程序【手机摄影构图大全】，点击本消息卡片立即体验，也可进入公众号资料页查看。

详情

≡ 构图大师　　≡ 直播教程　　摄影图书

**图 5-31　系统发送的"公众号关联小程序通知"**

微信公众号对于小程序的宣传推广可谓是意义重大，这主要体现在关联成功后，微信公众号中可提供两个小程序入口，为微信小程序引流提供助力，具体如下。

### 入口 1. 菜单栏跳转

在微信公众号菜单栏中，运营者可以加入小程序的链接，这相当于增加了一条从微信公众号进入小程序的途径。具体来说，在微信公众号菜单栏中实现小程序跳转需要进行如下操作。

**步骤 01**　运营者只需进入微信公众号后台，在"自定义菜单"界面，点击"＋"按钮，增加"小程序"项目；并在右侧的"跳转小程序"板块中，单击"选择小程序"按钮，如图 5-32 所示。

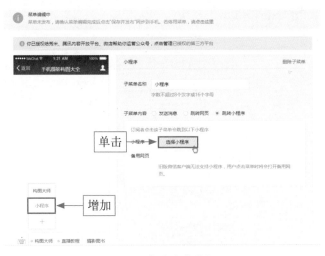

**图 5-32　"自定义菜单"界面**

**步骤 02** 执行操作后，进入"选择小程序"界面；单击已绑定的小程序进行勾选；单击下方的"确定"按钮，如图 5-33 所示。

图 5-33 "选择小程序"界面

**步骤 03** 完成操作后，返回"自定义菜单"界面，可以看到，此时已经生成小程序路径；单击页面下方的"保存并发布"按钮，如图 5-34 所示。执行操作后便可生成一个类似于超链接的菜单选项，用户在公众号页面单击该选项，便可直接跳转至小程序界面。

图 5-34 生成小程序路径

## 入口 2. 图文消息设置

和微信公众号菜单栏可跳转小程序相同，微信公众号文章也可打开小程序，实际上也是增加进入小程序的途径。运营者只需进行如下操作便可实现让用户从微信公众号文章中打开小程序。

**步骤 01** 进入微信公众平台的文章编辑界面，选择需要添加小程序链接的位置；单击界面上方的"小程序"按钮，如图 5-35 所示。

**图 5-35 微信公众号的文章编辑界面**

**步骤 02** 进入"选择小程序"界面，在该界面中有两种选择小程序的方式，一是输入要搜索的小程序名称、App ID 或账号原始 ID，勾选已关联的小程序；二是从常用小程序中进行选择。接下来选择常用的"手机摄影构图大全"小程序进行说明，如图 5-36 所示。

**图 5-36 "选择小程序"界面**

步骤 **03** 选择完成后，"选择小程序"界面中会出现已选小程序的相关信息，确认信息无误后，单击下方的"下一步"按钮，如图 5-37 所示。

**图 5-37 单击"下一步"按钮**

步骤 **04** 进入"填写详细信息"界面，在该界面中，运营者可以选择小程序的显示方式（在这里，笔者以选择小程序卡片这种显示方式为例进行说明），填写标题内容等。信息设置完成后，单击下方的"确定"按钮，如图 5-38 所示。

**图 5-38 "填写详细信息"界面**

步骤 **05** 操作完成后，如果微信公众号文章的编辑界面中出现了小程序的相关链接，就说明小程序链接添加成功了。因为在图 5-38 中选择的是"小程序卡片"这种显示方式，所以，图 5-39 中出现的便是"手机摄影构图大全"小程序的小程序卡片。

**图 5-39 出现小程序卡片**

　　如果运营者将该文章保存并发布，那么，微信公众号用户只需单击该小程序卡片便可跳转至设定的小程序页面。这就意味着运营者只要通过微信公众号向用户发送文章，便可以跳转至小程序的链接，增加小程序的曝光度，同时方便用户进入小程序，通过公众号为小程序引流。

# 第6章

# 平台引流，汇合流量

有的微信视频号、公众号、小程序和朋友圈运营者可能已经拥有了一定的粉丝量，但是目前却处于粉丝量缓速增长阶段。此时，运营者便可以将其他平台作为主力，实现流量的汇合，让自己的账号快速成长为大号。

本章将通过 5 个平台分别为大家介绍引流增粉的技巧，帮助大家更好地打造大号。

▶ 社交平台，沟通互动
▶ 资讯平台，传达信息
▶ 视频平台，展示账号
▶ 音频平台，以声传讯
▶ 线下平台，推广联动

## 6.1　社交平台，沟通互动

许多热门社交平台中通常都聚集了大量用户。而对于微信视频号、公众号、小程序和朋友圈运营者来说，这些社交平台就潜藏着大量的潜在粉丝，如果能够通过沟通互动将这些社交平台的流量引至微信视频号，便可以直接实现粉丝量的快速增长。

### 6.1.1　微信引流，借助好友

微信平台引流主要是借助微信这个社交软件，将微信视频号、公众号、小程序和朋友圈的相关信息告知朋友，从而实现引流。具体来说，微信引流可以从 3 个方面进行，一是微信聊天；二是微信公众号引流；三是微信朋友圈引流。下面分别进行介绍。

#### 1．微信聊天引流

微信聊天是微信的一个重要板块，许多人甚至直接将其作为日常生活和工作中的一个主要沟通工具。微信视频号、公众号、小程序和朋友圈运营者也可以充分利用微信聊天进行引流，将自己的微信好友和微信群成员转化成对应账号的粉丝。

在通过微信聊天进行引流时，运营者可以充分利用微信视频号、公众号、小程序和朋友圈的转发分享等功能。

#### 2．微信公众号引流

微信公众号，从某一方面来说，就是一个个人、企业等主体进行信息发布并通过运营来提升知名度和品牌形象的平台。运营者如果要选择一个用户基数大的号来推广短视频内容，且期待通过长期的内容积累构建自己的品牌，那么微信公众号是一个理想的传播平台。

在微信公众号上，运营者可以通过文章和短视频对账号的相关信息进行介绍，从而将微信公众号的粉丝转化为对应账号的粉丝。如图 6-1 所示，为借助微信公众号文章进行微信视频号推广引流的案例。

如果想要借助短视频进行推广，可以采用多种方式来实现。其中，使用最多的有两种，即"标题 + 短视频"形式和"标题 + 文本 + 短视频"形式。不管采用哪一种形式，都是能清楚地说明短视频内容和主题思想的推广方式。

在借助短视频进行推广时，也并不局限于某一个短视频的推广，如果运营者打造的是有着相同主题的系列内容，还可以把内容组合在一篇文章中联合推广，这样更有助于用户了解内容及推广主题。

**图 6-1　借助微信公众号进行微信视频号推广的案例**

### 3．微信朋友圈引流

对于微信视频号、公众号和小程序运营者来说，虽然朋友圈单次传播的范围较小，但是从对接收者的影响程度来说，却具有其他一些平台无法比拟的优势，具体如下。

（1）用户黏性强，很多人每天都会去翻阅朋友圈。

（2）朋友圈好友间的关联性、互动性强，可信度高。

（3）朋友圈用户多，覆盖面广，二次传播范围大。

（4）朋友圈内转发和分享方便，易于短视频内容传播。

那么，运营者在朋友圈中进行内容和账号推广时，应该注意什么呢？在笔者看来，有3个方面是需要重点关注的，具体分析如下。

（1）运营者在拍摄视频时要注意开始拍摄时画面的美观性。因为推送到朋友圈的视频，是不能自主设置封面的，它显示的就是开始拍摄时的画面。当然，运营者也可以通过视频剪辑的方式来保证推送视频"封面"的美观度。

（2）运营者在推广短视频时要做好文字描述。因为一般来说，呈现在朋友圈中的短视频，好友看到的第一眼就是其"封面"，没有太多信息能让受众了解该视频内容，因此，在制作短视频之前，要把重要的信息放上去，如图 6-2 所示。这样的设置，一来有助于好友了解短视频；二来设置得好，可以吸引好友点击播放。

（3）运营者利用短视频推广商品时要利用好朋友圈的评论功能。如果朋友圈中的文本字数太多，是会被折叠起来的，为了完整地展示信息，运营者可以将重要信息放在评论里进行展示，如图 6-3 所示。这样就会让浏览朋友圈的人更好地看到推送的有效文本信息。

图 6-2　做好重要信息的文字表述　　　图 6-3　利用好朋友圈的评论功能

## 6.1.2　QQ 引流，借势社群

腾讯 QQ 有两大引流利器，一是 QQ 群；二是 QQ 空间。下面分别进行说明。

### 1. QQ 群引流

无论是微信群，还是 QQ 群，如果没有设置"消息免打扰"的话，群内任何人发布信息，群内其他人都会收到提示信息。因此，与朋友圈和微信订阅号不同，通过微信群和 QQ 群推广微信视频号，可以让推广信息直达用户，用户关注和播放的可能性也就更大。

且微信群和 QQ 群内的用户都是基于一定目标、兴趣而聚集在一起的，因此，如果运营者推广的是专业类的视频内容，那么可以选择这一类平台。

另外，相对于微信群需要邀请才能加群而言，QQ群明显更易于添加和推广。目前，QQ群分出了许多热门分类，微信电商运营者可以通过查找同类群的方式加入进去，然后再通过短视频进行推广。QQ群推广方法主要包括QQ群相册、QQ群公告、QQ群论坛、QQ群共享、QQ群动态和QQ群话题等。

就如利用QQ群话题来推广内容，运营者可以通过相应人群感兴趣的话题来引导QQ群用户的注意力。如在摄影群里，可以首先提出一个摄影人士普遍感觉有难度的摄影场景，引导大家评论，然后运营者再适时地分享一个能解决这一摄影问题的短视频。这样的话，感兴趣的人一定不会错过。

下面就以微信公众号为例，对QQ群引流的具体操作进行简单的说明。

**步骤 01** 在微信公众号中找到需要分享的微信文章，点击文章呈现界面右上方的 ••• 图标，如图6-4所示。

**步骤 02** 操作完成后，界面中会弹出一个列表框。点击列表框中的"分享到手机QQ"按钮，如图6-5所示。

图6-4　点击 ••• 图标　　　　图6-5　点击"分享到手机QQ"按钮

**步骤 03** 操作完成后，进入QQ"发送给"界面，在界面中选择需要分享文章的QQ群，如图6-6所示。

**步骤 04** 操作完成后，界面中会弹出"发送给"界面，如图6-7所示。

图 6-6　选择需要分享文章的 QQ 群　　　　图 6-7　弹出"发送给"界面

步骤 05　在弹出的界面中输入文字营销信息；点击"发送"按钮，如图 6-8 所示。

步骤 06　操作完成后，页面自动跳转至对应 QQ 群的聊天界面。如果此时 QQ 群的聊天界面中出现了微信公众号文章链接和输入的营销文字信息，就说明微信公众号文章分享成功了，如图 6-9 所示。

图 6-8　点击"发送"按钮　　　　　图 6-9　文章分享成功

　　微信公众号文章分享成功之后，QQ 群成员只需点击聊天界面中的文章链接，便可直接进入对应微信公众号文章的呈现界面。这样一来，运营者便可借助该 QQ 群获得一定的流量。

### 2. QQ 空间引流

　　QQ 空间是微信视频号、公众号、小程序和朋友圈运营者可以充分利用起来的一个好地方。当然，运营者需要先建立一个昵称与账号相同的 QQ 号，这样才更有利于积攒人气，吸引更多人前来关注和观看。下面具体介绍 7 种常见的 QQ 空间推广方法。

　　（1）QQ 空间链接推广：利用"小视频"功能在 QQ 空间发布短视频，吸引 QQ 好友点击查看。

　　（2）QQ 认证空间推广：订阅与产品相关的人气认证空间，更新动态时可以马上评论。

　　（3）QQ 空间生日栏推广：通过"好友生日"栏提醒好友，引导好友查看你的动态信息。

　　（4）QQ 空间日志推广：在日志中放入微信视频号、公众号、小程序和朋友圈账号的相关资料，更好地吸引用户的关注度。

　　（5）QQ 空间说说推广：QQ 签名同步更新至说说上，用一句有吸引力的话激起用户的关注。

　　（6）QQ 空间相册推广：很多人加 QQ 都会查看相册，所以，相册也是一个很好的引流工具。

　　（7）QQ 空间分享推广：利用分享功能分享微信视频号、公众号、小程序和朋友圈营销内容，好友点击标题即可进行查看。

## 6.1.3　微博引流，用好功能

　　在微博平台上，微信视频号、公众号、小程序和朋友圈运营者可以借助微博的两大功能来实现其推广目标，即"@"功能和热门话题。

　　首先，在进行微博推广的过程中，"@"这个功能非常重要。运营者在博文里可以"@"明星、媒体、企业，如果媒体或名人回复了你的内容，就能借助他们的粉丝扩大自身的影响力。若明星在博文下方评论，则会受到很多粉丝及微博用户的关注，那么内容会获得更好的传播和推广。

　　如图 6-10 所示，为"adidasOriginals"通过"@"某明星来推广短视频和产品以及吸引用户关注的案例。

**图 6-10    "adidasOriginals"通过 @ 吸引用户关注的案例**

其次，微博"热门话题"是一个制造热点信息的地方，也是聚集网民数量最多的地方。运营者要利用好这些话题，发表自己的看法和感想，提高博文阅读和浏览量，从而更好地推广自己的账号和短视频。

## 6.2  资讯平台，传达信息

除了社交平台之外，一些资讯平台也是微信视频号运营者挖掘潜在粉丝的重要渠道。那么，如何通过传达信息将资讯平台的流量引导至微信视频号中呢？这一节就以百度、今日头条和一点资讯这 3 个平台为例进行说明。

### 6.2.1  百度引流，多方切入

作为中国网民经常使用的搜索引擎之一，百度毫无悬念地成为互联网 PC 端强劲的流量入口。具体来说，微信视频号、公众号、小程序和朋友圈运营者借助百度推广引流主要可从百度百科、百度知道和百家号这 3 个平台切入。接下来分别对这 3 个方面进行解读。

#### 1．百度百科

百科词条是百科营销的主要载体，做好百科词条的编辑对运营者来说至关重要。百科平台的词条信息有多种分类，但对于运营者引流推广而言，主要的词条形式包括 4 种，具体如下。

（1）行业百科。运营者可以以行业领头人的姿态，参与行业词条信息的编辑，为想要了解行业信息的用户提供相关行业知识。

（2）企业百科。运营者所在企业的品牌形象可以通过百科进行表述，例如，奔驰、宝马等汽车品牌，在这方面就做得十分成功。

（3）特色百科。特色百科涉及的领域十分广泛，例如，名人可以参与自己相关词条的编辑。

（4）产品百科。产品百科是消费者了解产品信息的重要渠道，能够起到宣传产品，甚至促进产品使用和产生消费行为等作用。

对于运营者引流推广而言，相对来说比较合适的词条形式无疑是企业百科，运营者可以通过企业百科的编写，更好地向用户展示企业的相关信息。如图 6-11 所示，为百度百科中关于"小米"的相关内容，其采用的便是企业百科的形式。在该百科词条中，"小米"这个名称多次出现，这便很好地增加了"小米"这个品牌的曝光率。

图 6-11 "小米"的企业百科

## 2. 百度知道

百度知道在网络营销方面，具有很好的信息传播和推广作用，利用百度知道平台，通过问答的社交形式，可以对运营者快速、精准地定位客户提供很大的帮助。百度知道在营销推广上具有两大优势：精准度和可信度高。这两大优势能形成口碑效应，增强网络营销推广的效果。

通过百度知道来询问或作答的用户，通常对问题涉及的东西有很大兴趣。比如，有的用户想要了解"有哪些饮料比较好喝"，部分饮料爱好者可能就会推荐自己喜欢的饮料，提问方通常也会接受推荐去试用。

百度知道是网络营销的重要方式，因为它的推广效果相对较好，能为企业带来直接的流量和有效的外接链。基于百度知道而产生的问答营销，是一种新型的互联网互动营销方式，问答营销既能为运营者植入软性广告，同时也能通过问答来挖掘潜在用户。如图 6-12 所示，为关于 OPPO 手机的相关问答信息。

在这个问答信息中，不仅增加了 OPPO 手机在用户心中的认知度，更重要的是对几款 OPPO 手机的相关信息进行了详细的介绍。而看到该问答之后，部分用户便会对 OPPO 这个品牌产生一些兴趣，这无形之中便为该品牌带来了一定的流量。

图 6-12　OPPO 手机在百度知道中的相关问答信息

### 3．百家号

百家号是百度于 2013 年 12 月份正式推出的一个自媒体平台。运营者入驻百度百家平台后，可以在该平台上发布文章，然后平台会根据文章阅读量的多少给予运营者收入，与此同时，百家号还以百度新闻的流量资源作为支撑，能够帮助运营者进行文章推广、扩大流量。

百家号上涵盖的新闻有 5 大模块，即科技版、影视娱乐版、财经版、体育版和文化版。百度百家平台排版清晰明了，用户在浏览新闻时非常方便。在每个新闻模块的左边是该模块的最新新闻，右边是该模块新闻的相关作家和文章排行榜。

值得一提的是，除了对品牌和产品进行宣传之外，运营者在引流的同时，还可以通过内容的发布，从百家号上获得一定的收益。总的来说，百家号的收益主要来自于 3 大渠道，具体如下。

(1) 广告分成：百度投放广告盈利后采取分成形式。

(2) 平台补贴：包括文章保底补贴和百＋计划、百万年薪作者的奖励补贴。

(3) 内容电商：通过在内容中插入商品所产生的订单量和分佣比例来计算收入。

## 6.2.2 今日头条引流，传达资讯

今日头条是一款基于用户数据行为的推荐引擎产品，同时也是短视频内容发布和变现的一个大好平台，可以为消费者提供较为精准的信息内容。虽然今日头条在短视频领域布局了 3 款独立产品（西瓜视频、抖音短视频、火山小视频），但同时也在自身的 App 上推出了短视频功能。

微信视频号、公众号、小程序和朋友圈运营者可以通过今日头条平台发布账号推广短视频，从而达到为账号引流的目的。借助今日头条进行微信小程序引流的具体的操作方法如下。

步骤 01　登录今日头条 App，点击右上角的"发布"按钮；在弹出的界面中点击"发视频"按钮，如图 6-13 所示。

步骤 02　执行操作后，进入视频选择界面，如图 6-14 所示。选择需要发布的视频；点击"下一步"按钮。

图 6-13　点击"发视频"按钮

图 6-14　视频选择界面

**步骤** 03  执行操作后，进入"编辑信息"界面，如图 6-15 所示。在界面中编辑相关信息，编辑完成后，点击下方的"发布"按钮。

**步骤** 04  执行操作后，运营者发布的短视频就会出现在"关注"界面中，如图 6-16 所示。

图 6-15　"编辑信息"界面　　　　　图 6-16　视频发布成功

短视频发布成功之后，今日头条用户只需点击短视频，便可以了解微信小程序的相关信息。如果用户对该小程序感兴趣，便会进入该微信小程序的相关页面进行查看。这样一来，该微信小程序便可借此获得一拨流量。

### 6.2.3　一点资讯引流，学会点金

一点资讯是一个基于兴趣推荐的平台，主要特色为搜索与兴趣结合、个性化推荐、用户兴趣定位精准等。一点资讯平台的收益方式主要是平台分成，不过后来平台又推出了"点金计划"。

借助"点金计划"，微信视频号、公众号、小程序和朋友圈运营者发布短视频等内容不仅可以起到引流推广的作用，还能获得一定的收益。当然，如果运营者想要通过此渠道获取收益，是需要向平台方提出申请的，申请通过后才可以开始盈利。

下面以微信视频号为例，在一点资讯中通过发布短视频进行引流的具体的操作步骤如下。

**步骤 01** 登录"一点资讯"App，点击"首页"界面的 ⌾ 按钮；在弹出的选项栏中选择"发视频"选项，如图6-17所示。

**步骤 02** 进入"最近项目"界面，选择需要发布的短视频，如图6-18所示。

图6-17 选择"发视频"选项　　　　　图6-18 选择需要发布的短视频

**步骤 03** 进入视频预览界面，确认视频无误后，点击右上方的"下一步"按钮，如图6-19所示。

**步骤 04** 进入视频处理界面，完成处理后，点击右上方的"下一步"按钮，如图6-20所示。

图6-19 视频预览界面　　　　　图6-20 视频处理界面

步骤 05 进入"发布"界面，在该界面中设置短视频标题等信息，点击"发布"按钮，如图 6-21 所示。

步骤 06 操作完成后，手机页面自动跳转至"小视频"界面，与此同时，刚刚发布的短视频将出现在该界面的左上方，如图 6-22 所示。

图 6-21 点击"发布"按钮

图 6-22 视频出现在"小视频"界面中

## 6.3 视频平台，展示账号

随着近年来视频和短视频领域的快速发展，许多视频类平台也积累了大量的用户。微信视频号、公众号、小程序、朋友圈可以制作账号宣传类短视频，并将短视频发布至视频平台中，从而将其他视频平台的流量引导至自己的账号中。

### 6.3.1 抖音引流，多发原创

抖音作为一个社交类短视频平台，吸引了许多用户的入驻。也正是因为如此，运营者如果想通过短视频进行引流，抖音一定是一个不容错过的平台。通过抖音平台引流的方法很简单，运营者只需要在抖音上发布带有账号信息的原创短视频，便可以达到宣传、推广和引流的作用。

在抖音上发布带有账号信息的原创短视频具体的操作步骤如下。

步骤 01 登录"抖音"短视频 App，点击"首页"界面的 + 按钮，如图 6-23 所示。

**步骤** 02 进入短视频拍摄界面，点击界面中的"上传"按钮，如图 6-24 所示。

图 6-23　点击 + 按钮　　　　　图 6-24　点击"上传"按钮

**步骤** 03 进入"所有照片"界面，运营者可以在该界面中选择上传视频或图片。以上传图片为例，只需选择需要上传的图片，并点击下方的"照片电影"按钮即可，如图 6-25 所示。

**步骤** 04 操作完成后，将自动生成一个短视频，并进入短视频编辑界面。查看短视频内容，确认无误后点击下方的"下一步"按钮，如图 6-26 所示。

图 6-25　点击"照片电影"按钮　　　　图 6-26　视频编辑界面

步骤 05 进入短视频"发布"界面，在该界面中填写相关信息，信息填写完成后，点击下方的"发布"按钮，如图 6-27 所示。

步骤 06 操作完成后，即可完成短视频的发布。如图 6-28 所示，为发布后的短视频的显示效果。

图 6-27　"发布"界面　　　　图 6-28　发布后短视频的显示效果

## 6.3.2　快手引流，发布内容

快手可以说是短视频领域的先行者，而且在抖音还没有发展起来之前，它可以算是短视频领域的一大霸主。即便是如今有了抖音的竞争，快手仍获得了大量忠实粉丝的支持。这样一个拥有巨大流量的平台，显然是微信视频号运营者引流的一大阵地。

其实，要将快手的流量引流到微信视频号、公众号、小程序、朋友圈中也很简单。运营者可以在快手中发布与账号相关的视频，吸引快手用户查看你的账号，具体的操作步骤如下。

步骤 01 登录"快手"App，点击"发现"界面的 按钮，如图 6-29 所示。

步骤 02 进入短视频拍摄界面，点击界面中的"相册"按钮，如图 6-30 所示。

图6-29　点击◙按钮

图6-30　点击"相册"按钮

**步骤** 03 　进入"最近项目"界面，选择需要上传的视频或图片，点击下方的"下一步"按钮，如图6-31所示。

**步骤** 04 　进入短视频编辑界面，在该界面中查看短视频内容，确认无误后点击下方的"下一步"按钮，如图6-32所示。

图6-31　"最近项目"界面

图6-32　视频编辑界面

**步骤 05** 进入短视频"发布"界面，在该界面中填写短视频的相关信息，并对封面图片、所在位置等内容进行设置。相关信息填写和设置完成后，点击下方的"发布"按钮，如图 6-33 所示。

**步骤 06** 操作完成后，如果页面跳转至"关注"界面，并且界面中出现刚刚发布的短视频的封面，就说明短视频发布成功了，如图 6-34 所示。

图 6-33 点击"发布"按钮

图 6-34 短视频发布成功

### 6.3.3 优酷引流，借势而为

优酷是国内成立较早的视频分享平台，其产品理念是"快者为王——快速播放，快速发布，快速搜索"，以此来满足多元化的用户需求，并成为互联网视频内容创作者（在优酷中称为"拍客"）的聚集地。

在优酷平台上，不管你使用的是专业的摄像机，还是一部手机，也不管你是直接拍摄视频，还是将微信视频号等平台发布的短视频进行搬运，只要是喜欢拍视频的人，都可以成为"拍客"。除了"拍客"频道外，优酷还推出了"创意视频"和"直播"等频道，来吸引那些喜欢创作并且热爱视频的用户。微信视频号运营者可以通过在这些频道上发布与账号相关的短视频，借助优酷的巨大流量进行引流推广。

如图 6-35 所示，为某微信视频号运营者在优酷中发布的短视频的截图。从该图中不难看出，这位微信视频号运营者就是通过发布与微信视频号相关的短视频，并在短视频中展示自己账号的形式，进行微信视频号的推广的。

图 6-35　在发布的短视频中展示自己的微信视频号

## 6.4　音频平台，以声传讯

音乐和音频的一大特点是，只要听就可以传达消息。也正是因为如此，音乐和音频平台始终都有一定数量的受众。而对于微信视频号、公众号、小程序和朋友圈运营者来说，如果将这些受众好好利用起来，从音乐和音频平台引流到微信视频号中，便能实现账号粉丝的快速增长。

### 6.4.1　QQ音乐引流，登上排行

QQ音乐是国内较具影响力的音乐平台之一，许多人都会将 QQ 音乐 App 作为必备的 App 之一。在"QQ音乐排行榜"中设置了"抖音排行榜"，用户只需点击进去，便可以看到许多抖音的热门歌曲，如图 6-36 所示。

图 6-36　"抖音排行榜"的相关界面

因此，对于音乐博主类微信视频号、公众号、小程序和朋友圈运营者来说，只要发布自己的原创作品，且作品在抖音上流传度比较高，作品就有可能在"抖音排行榜"中霸榜。而 QQ 音乐的用户在听到"抖音排行榜"中的作品之后，如果觉得不错，就有可能去关注创作者的账号，这便能为创作者带来不错的流量。

而对于大多数普通运营者来说，虽然自身可能没有独立创作音乐的能力，但也可以将进入"抖音排行榜"的歌曲作为内容的背景音乐。因为有的 QQ 音乐用户在听到进入"抖音排行榜"的歌曲之后，可能会去微信视频号、公众号、小程序上搜索相关的内容。如果你的短视频将相应的歌曲作为背景音乐，便可能进入这些 QQ 音乐用户的视野，这样一来，你便可借助背景音乐获得一定的流量。

## 6.4.2　蜻蜓 FM 引流，开设专栏

音频内容的传播适用范围更加多样，听众在跑步、开车甚至工作等多种场景，都能在悠闲时收听音频节目。因此，音频相比视频来说，更能满足人们的碎片化需求。对于微信视频号、公众号、小程序和朋友圈运营者来说，利用音频平台来宣传账号和短视频，是一条很好的营销思路。

音频营销是一种新兴的营销方式，它是主要以音频为内容的传播载体，通过音频节目运营品牌、推广产品。随着移动互联网的发展，以音频节目为主的网络电台迎来了新机遇，与之对应的音频营销也得到进一步发展。音频营销的特点具体如下。

（1）闭屏特点。闭屏特点能让信息更有效地传递给用户，这对品牌、产品推广营销而言更有价值。

（2）伴随特点。相比视频、文字等载体而言，音频具有独特的伴随属性，它不需要视觉上的精力，只需双耳在闲暇时收听即可。

"蜻蜓 FM"是一款强大的广播收听应用，用户可以通过它收听国内、海外等地区数千个广播电台。而且"蜻蜓 FM"相比其他音频平台，具有如下功能特点。

（1）跨地域。连接数据的环境下，可以全球广播自由选。

（2）免流量。户可以通过硬件 FM 免流量收听本地电台。

（3）支持点播。新闻、音乐、娱乐、有声读物等自由点播。

（4）内容回听。不再受直播的限制，错过的内容可以回听。

（5）节目互动。用户通过蜻蜓 FM 可以与喜欢的主播实时互动。

在蜻蜓 FM 平台上，用户可以直接通过搜索栏寻找自己喜欢的音频节目。对此，微信视频号、公众号、小程序和朋友圈运营者只需根据自身内容，选择热

门关键词作为标题便可将内容传播给目标用户。如图 6-37 所示，笔者在"蜻蜓FM"平台搜索"微信小程序"后，出现了多个与之相关的节目。

图 6-37 "蜻蜓 FM"中"微信小程序"的搜索结果

微信视频号、公众号、小程序和朋友圈运营者应该充分利用用户碎片化需求，通过音频平台来发布产品信息广告，音频广告的营销效果相比其他形式广告要好，向用户群体的广告投放更精准。而且，音频广告的运营成本也比较低廉，十分适合本地中小企业长期推广。

例如，做餐饮类账号的微信视频号、公众号、小程序和朋友圈运营者，可以与"美食"相关的音频节目组进行合作。因为这些节目通常有大批关注美食的用户收听，广告的精准度和效果会非常好。

## 6.4.3 网易云音乐引流，参与互动

以网易云音乐为例，这是一款专注于发现与分享的音乐产品，依托专业音乐人、DJ（Disc Jockey，打碟工作者）、好友推荐及社交功能，为用户打造全新的音乐生活。网易云音乐的目标受众是一群有一定音乐素养、较高教育水平、较高收入水平的年轻人，这和抖音的目标受众重合度非常高，因此，网易云音乐成为音频引流的最佳音乐平台之一。

用户可以利用网易云音乐的音乐社区和评论功能，为自己的音乐作品进行宣传和推广。例如，某歌手就非常善于利用网易云音乐进行引流，该歌手在网易云上发布的歌曲包括《佛系少女》《世间美好与你环环相扣》《左手》以及《迷路》等。

该歌手在网易云音乐平台中对这首歌的宣传也作出了很多努力,她通过在歌曲评论区和粉丝进行深度互动,推广自己的账号,吸引他们使用自己演唱的歌曲作为 BGM 拍摄短视频。如图 6-38 所示,为该歌手在网易云音乐平台上关于《迷路》的部分评论,可以看到,该歌手便是通过评论区和粉丝进行互动。

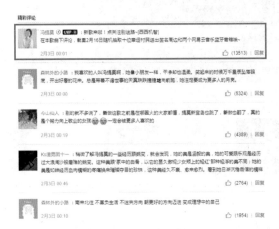

**图 6-38　某歌手在网易云音乐平台上对《迷路》的评论**

该歌手本身又是一个微信视频号、抖音短视频的运营者。因此,随着越来越多的人在微信公众号、视频号中将她演唱的歌曲作为短视频的 BGM,该歌手的影响力也越来越大,而其在微信视频号、抖音短视频中获得的粉丝数量也将越来越多。

## 6.5　线下平台,推广联动

除了线上的各大平台外,线下平台也是微信视频号、公众号、小程序和朋友圈引流不可忽略的渠道。目前,从线下平台引流到微信视频号、公众号、小程序和朋友圈主要有 3 种方式,本节就来分别进行解读。

### 6.5.1　大量用户,"码"上就来

在微信视频号、公众号、小程序和朋友圈中,有一种较为直接的增加账号粉丝量的方法,那就是通过线下扫码,让进店的消费者,或者是路人看到并关注你的账号。

当然,在扫码之前,还需有码可扫。如何获取你的账号二维码呢?下面就以微信公众号为例,介绍具体的操作步骤。

**步骤 01** 登录微信公众号平台，单击左侧菜单栏中的"公众号设置"按钮，进入"公众号设置"界面，单击界面中"二维码"一栏后方的"下载二维码"按钮，如图 6-39 所示。

**图 6-39 单击"下载二维码"按钮**

**步骤 02** 操作完成后，弹出"二维码下载"对话框，微信公众号运营者只需单击对应边长后方的下载链接，即可进行二维码的下载。以下载 50cm 边长的二维码为例，运营者只需单击"50cm"一栏后方的 ⬇ 按钮即可，如图 6-40 所示。

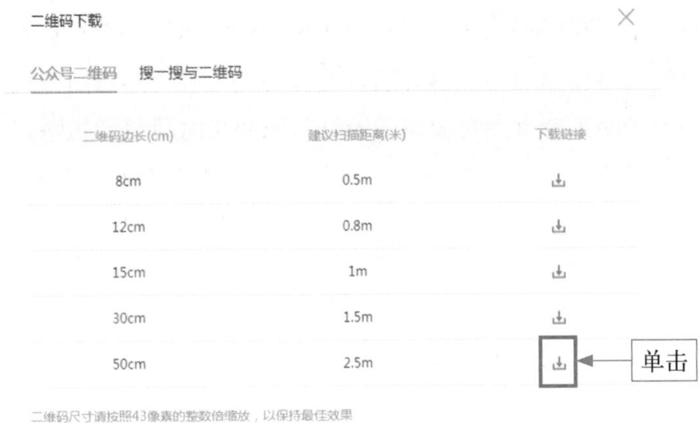

二维码下载                                                    ✕

公众号二维码    搜一搜与二维码

| 二维码边长(cm) | 建议扫描距离(米) | 下载链接 |
| --- | --- | --- |
| 8cm | 0.5m | ⬇ |
| 12cm | 0.8m | ⬇ |
| 15cm | 1m | ⬇ |
| 30cm | 1.5m | ⬇ |
| 50cm | 2.5m | ⬇ ← 单击 |

二维码尺寸请按照43像素的整数倍缩放，以保持最佳效果

**图 6-40 单击 ⬇ 按钮**

**步骤 03** 操作完成后，弹出"新建下载任务"对话框，选择图片的下载位置，单击对话框中的"下载"按钮，如图 6-41 所示。

**步骤 04** 下载完成之后，运营者便可以获得一张微信视频号的账号二维码图片。运营者可以将其打印出来，通过发传单，或者将二维码放置在店铺显眼位置的方式，让用户扫码加好友，并关注你的微信公众号。

**图 6-41　单击"下载"按钮**

## 6.5.2　拍摄视频，吸引参与

对于拥有实体店的微信视频号、公众号、小程序和朋友圈运营者来说，通过线下拍摄来吸引用户是一种比较简单有效的引流方式。

通常来说，线下拍摄可分为两种：一种是账号运营者及相关人员自我拍摄；另一种是邀请进店的消费者拍摄。

账号运营者及相关人员自我拍摄短视频时，能够引发路过人员的好奇心，为店铺引流。而短视频上传之后，如果用户对你发布的内容比较感兴趣，也会选择关注你的账号。

邀请进店的消费者拍摄，不仅可以直接增加店铺的宣传渠道，让更多的用户看到你的店铺及相关信息，从而达到为店铺和账号引流的目的；还可以将消费者变成你的账号粉丝，让消费者关注你的账号。

## 6.5.3　促进转发，助力传播

可能单纯地邀请消费者拍摄短视频效果不是很明显，此时，运营者可以采取另一种策略。那就是在线下实体店举办转发有优惠的活动，让消费者助力传播。比如，让消费者将拍摄好的短视频或账号中发布的内容转发至微信群、QQ 群和朋友圈等社交平台，提高店铺和账号的知名度。

当然，为了提高消费者转发的积极性，运营者可以对转发的数量，以及转发后的点赞数等给出不同的优惠力度。这样，消费者为了获得更大的消费力度，自然会更卖力地进行转发，而转发的实际效果也会更好。

# 第 7 章

# 私域流量，建流量池

**学前提示**

　　公域流量始终是属于平台的，这些流量既可以流入你的账号，也可以流入别人的账号。因此，引流的最高境界就是将公域流量变为私域流量，建立属于运营者个人的流量池。

　　那么，如何才能快速地建立个人流量池呢？本章就来回答这个问题。

**要点展示**

▶ 从零了解，私域流量

▶ 建立信任，引入用户

▶ 用户转化，获取好友

▶ 私域引流，注意事项

## 7.1 从零了解，私域流量

对于任何生意来说，用户都是最重要的因素，如果你拥有成千上万的专属用户，那么，不管做什么事情，都更容易取得成功。因此，不管是企业，还是个人创业者；不管是传统行业，还是新媒体行业，都需要打造自己的专属私域流量池。

### 7.1.1 私域流量，至关重要

如今，不管是做淘宝电商，还是自媒体"网红"，更不用说是大量的传统企业，大家都越来越感觉到流量红利殆尽，面对用户增长疲软的困境，大部分人面临一些流量瓶颈下的难题，如图 7-1 所示。

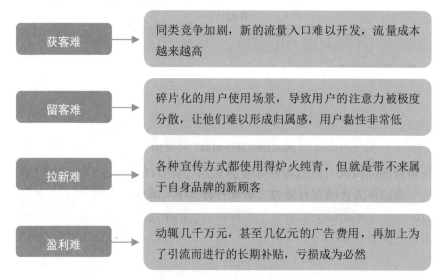

图 7-1　流量瓶颈下的难题

很多用户对于各种营销套路已经产生了"免疫力"，甚至对于这些营销行为反感，而直接屏蔽你。在这种情况下，流量成本可想而知是相当高的，因此很多自媒体创业者和企业都遭遇了流量瓶颈。

那么，该如何突破这些流量瓶颈带来的难题呢？答案就是做私域流量，通过微信公众号、朋友圈、小程序、微博以及抖音等渠道，来打造自己的专属私域流量池，把自己的核心用户圈起来，让彼此的关系更加持久。

知名企业家、财经作家吴晓波更是大胆预言，基于私域流量的"私域电商"将与圈层社交和会员制一道，成为三大商业创新模式。

### 7.1.2　私域公域，区别在哪

　　私域流量是相对于公域流量的一种说法，其中"私"指的是个人的、私人的、自己的意思，与公域流量的公开相反；"域"是指范围，这个区域到底有多大；"流量"则是指具体的数量，如人流数、车流数或者用户访问量等，后面这两点私域流量和公域流量都是相同的。

#### 1. 什么是公域流量

　　公域流量的渠道非常多，包括各种门户网站、超级 App 和新媒体平台，下面列举了一些公域流量的具体代表平台，如图 7-2 所示。

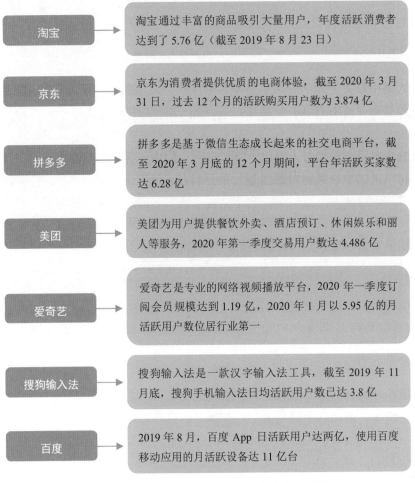

图 7-2　公域流量的具体代表平台和流量规模

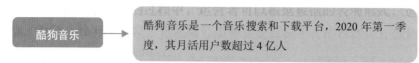

图 7-2　公域流量的具体代表平台和流量规模（续）

从上面这些平台的数据可以看到，这些平台都拥有亿级流量，并且通过流量来进行产品销售。他们的流量有一个共同的特点，那就是流量都是属于平台的，都是公域流量。商家或者个人在入驻平台后，可以通过各种免费或者付费方式来提升自己的排名，推广自己的产品，从而在平台上获得用户和成交。

例如，歌手可以在酷狗音乐上发布自己的歌曲，吸引用户收听，然后用户需要通过付费充值会员来下载歌曲，歌手则可以获得盈利。

要想在公域流量平台上获得流量，就必须熟悉这些平台的运营规则和特点。公域流量的特点具体如图 7-3 所示。

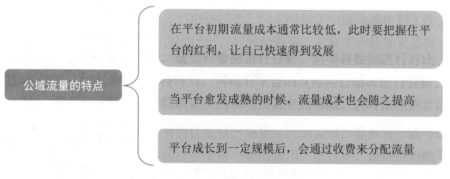

图 7-3　公域流量的特点

不管做什么生意，都需要多关注这些公域流量平台的动态，对于那些有潜力的新平台，一定要及时入驻，并采取合适的运营方法来收获平台红利。在平台的成熟期进入就意味着要比别人付出更多的努力和更高的流量成本。

对于企业来说，这些公域流量平台最终都是需要付费的，你赚到的所有的钱也都需要给他们分一笔。而对于那些有过成交记录的老客户来说，这笔费用就显得非常不值了。当然，平台对于用户数据保护得非常好，因为这是他们的核心资产，企业想要直接获得流量资源非常难。这也是大家都在积极地将公域流量转化为私域流量的原因。

## 2. 什么是私域流量

对于私域流量，目前还没有统一的具体定义，但是私域流量却有一些共同的特点，如图7-4所示。

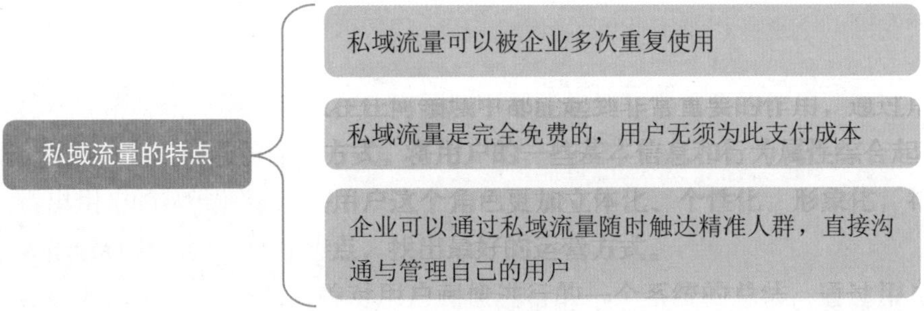

图 7-4　私域流量的特点

例如，对于微博来说，上到热门头条后被所有的微博用户看到，这里就是公域流量；而通过自己的动态页面，让自己的粉丝看到微博内容，这就是私域流量。

据悉，微博平均日活跃用户数超过两亿。企业和自媒体人可以通过微博来积累和经营自己的粉丝流量，摆脱平台的推荐和流量分配机制，从而更好地经营自己的资产，实现个人价值和商业价值。

对于公域流量来说，私域流量是一种弥补其缺陷的重要方式，而且很多平台还处于红利期，可以帮助企业和自媒体人补足短板。

## 7.1.3　私域流量，价值更高

打造私域流量池，就等于你有了自己的"个人财产"，这样你的流量会具有更强的转化优势，同时也有更多的变现可能。下面介绍私域流量模式的商业价值，并探讨这种流量模式对于大家究竟有哪些好处。

## 1. 让营销成本直线降低

以往我们在公域流量平台上做了很多付费推广，但是却并没有与这些用户产生实际关系。例如，拼多多商家想要参与各种营销活动来获取流量，就需要交纳各种保证金。但是，即使商家通过付费推广来获得流量，也不能直接和用户形成强关系，用户在各种平台推广场景下购买完商家的产品后，又会再次回归平台，所以这些流量始终还是被平台掌握在手中。

其实，这些付费推广获得的用户都是非常精准的流量。商家可以通过用户购买后留下的个人信息，如地址和电话号码等，再次与用户接触，甚至可以通过微信来主动添加他们，或者将他们引导到自己的社群中，然后再通过一些老客户维护活动来增加他们的复购率。

同时，这些老客户的社群也就成为商家自己的私域流量池，而且商家可以通过朋友圈的渠道来增加彼此的信任感，有了信任，就会有更多的成交。这样，你以后不管是推广新品，还是做清仓活动，这些社群都会成为一个免费的流量渠道，这样就不必再去花钱做付费推广了。

因此，只要我们的私域流量池足够大，就可以摆脱对平台公域流量的依赖，也能让我们的营销推广成本大幅降低。

除了电商行业外，对于实体店来说道理也是相同的，商家也可以通过微信扫码领优惠券等方式，来添加顾客的微信。这样，商家可以在以后做活动或者上新时，通过微信或者社群来主动联系顾客，或者发朋友圈来被动地展示产品，增加产品的曝光量，获得更多的免费流量。

例如，海尔作为传统企业，在交互性强、互联网大爆炸的时代，进行了一次史无前例的组织变革，目标是将僵硬化的组织转为社交性强的网络化。海尔在组织进行网络化的同时，建立起一个社群型组织。

海尔的社群运营核心是"情感"，但是对于企业来说，"情感"是一个与用户进行价值对接的界面，并不能与社群用户产生高黏度的衔接，毕竟"情感"往往是脆弱的，容易被击破。

然而，海尔看清了这一点，开始与粉丝互动起来，让粉丝不再只是粉丝，而是参与者、生产者，真正与品牌有连接的、与品牌融合的一部分。其中，"柚萌"就是由海尔 U+ 发起，以实现更美好的智慧家居生活体验为宗旨的社群。

对个人而言，可以通过社群轻松地与企业交流，通过有效的推荐机制，能迅速地找到好的产品及众多实用资讯。

对企业而言，私域流量下的社群可以节省大量的推广费用，好的产品会引发社群用户的自发分享行为，形成裂变传播效应。同时，企业可以通过运营私域流量，与用户深入接触，更加了解用户的需求，打造更懂用户的产品。

## 2. 让投资回报率大幅提升

公域流量有点儿像大海捞针，大部分流量其实是非常不精准的，因此整体的转化率非常低。而这种情况在私域流量平台是可以很好地规避掉的，私域流量通常都是关注你的潜在用户，不仅获客成本非常低，而且这些平台的转化率也极高。

结果显而易见，既然用户都走到自己的店铺里，那么他必然也是比大街上的人有更大的消费意愿，因此商家更容易与他们达成交易，所以私域流量的投资回报率自然也会更高。

同时，只要你的产品足够优质、服务足够到位，这些老顾客还会无偿地成为你的推销员，他们也会乐于去分享好的东西，以证明自己独到的眼光。这样，商家就可以通过私域流量来扩大用户规模、提升价值空间。

### 3. 避免已有的老客户流失

除了拉新外，私域流量还能够有效避免已有的老客户流失，让老客户的黏性翻倍，快速提升老客户复购率。在私域流量时代，我们不能仅仅依靠产品买卖来与用户产生交集，如果你只做到了这一步，那用户一旦发现品质更好、价格更低的产品，他就会毫不留情地抛弃你的产品。

因此，在产品之外，我们要与用户产生感情的羁绊，打造出强信任关系。要知道人都是感性的，光有硬件的支持是难以打动用户的，再者，用户更注重的是精神层面的体验。

所以我们要想打响自身的品牌、推销产品，就应该在运营私域流量时融入真情实感，用情感来感化用户，重视情感因素在营销中的地位。最重要的是，了解用户的情感需求，引起其共鸣，并使得用户不断地加深对企业和产品的喜爱之情。

在体验中融入真实情感是企业打造完美消费体验的不二之选，无论是从消费者的角度，还是从企业的角度，都应该认识到情感对产品的重要性。为了树立产品口碑，向更多老顾客推销新产品，我们要学会用情感去打动人心。用情感打动人心虽然不易，但只要用心去经营，得到的效果是深远而持久的。

也就是说，私域流量绝不是一次性的成交行为，用户在买完产品后，还会给我们的产品点赞，也可以参加一些后期的活动，来加深彼此的关系。在这种情况下，即使竞争对手有更好的价格，用户也不会轻易抛弃你，因为你和他之间是有感情关系的。甚至用户还会主动向你提一些有用的建议，来击败竞争对手。

### 4. 对塑造品牌价值有帮助

塑造品牌是指企业通过向用户传递品牌价值来得到用户的认可和肯定，以达到维持稳定销量、获得良好口碑的目的。通常来说，塑造品牌价值需要企业倾注很大的心血，因为打响品牌不是一件容易的事情，市场上生产产品的企业和商家千千万万，能被用户记住和青睐的却非常有限。

品牌具有忠诚度的属性，可以让用户产生更多信任感。品牌通过打造私域流量池，可以让品牌与用户获得更多接触和交流的机会，同时为品牌旗下的各种产品打造一个深入人心的形象，成功打造爆品。

以丹麦的服装品牌ONLY为例，其品牌精神为前卫、个性十足、真实、自信等，很好地诠释了其产品的风格所在。同时，ONLY利用自身的品牌优势在全球开设了多家店铺，获得了丰厚的利润，赢得了众多消费者的喜爱。

### 5. 激励客户重复购买

私域流量是属于我们个人的流量，和平台的关系不大。这就是为什么很多直播平台要花大价钱来签"网红"主播，因为这些"网红"主播自带流量，直播平台可以通过与他们签约来吸收他们的私域流量。

例如，知名电竞选手、前WE队长"Misaya若风"，被称为"中路杀神"，微博粉丝突破千万，在微博上的互动率非常惊人。如图7-5所示，为"Misaya若风"的微博主页。同时，"Misaya若风"还是企鹅电竞直播的签约主播，在该平台上的订阅用户数也达到了70多万，这其中的流量具有高度的重叠性。

图7-5 "Misaya若风"的微博

对于"网红"来说，私域流量是可以跨平台和不断重复利用的，这一个好处自然也会延伸到其他领域，这些粉丝的忠诚度非常高，可以形成顾客终身价值。

## 7.2 建立信任，引入用户

私域流量运营者进行营销活动时，由于一些不恰当的刷屏，常常会受到好友或用户的排斥、屏蔽、拉黑，这不但会使营销活动大打折扣，还会影响自己与好友建立的情感。本节主要介绍如何与用户建立信任，让用户放心地进入流量池的方法，希望能帮助大家更好地做好营销活动。

## 7.2.1　5大技巧，吸引路人

运营者要想赢得好友和用户的好感，增加信任感，需要多提升自己的存在感，下面就来介绍吸引路人关注你的5大技巧。

### 1．形象帅气甜美

谁都喜欢高颜值的事物，如果是帅哥美女，那么对于与路人的交流来说就是一把利器，通过高颜值还能吸引到不少粉丝与追随者。所以，运营者除了发产品广告外，还要多发一些个人照片、自拍照、旅行照等，身材越好越能吸引到路人的关注，多展示自己帅气、甜美的形象。

### 2．表现高端品位

一个有眼光、有品位、有格调的人，更能被人所喜欢、所追逐，有足够的人格魅力。因此，朋友圈不要发低俗不雅的信息，而要发有一定品位格调的、源于生活又高于生活的内容，让用户觉得你是一个具有高尚人格魅力的人。

### 3．展示学识渊博

俗话说"光说不练假把式"。运营者不仅要让客户看到你的远大理想、奋斗目标，更要让好友看到你的成功、你的努力，知道你是一个有真才实学的、能给身边的人带来益处的人。

当然，运营者自己也需要经常去参加一些培训机构组织的培训课程，休闲之余不断学习、充电，这样才能不断地进步，同时把自己学习理解到的知识、技巧进行分享，既能给团队、代理做一个学习的榜样，又能让用户看到你的成功、你的真才实学。

例如，在微信公众号"罗辑思维"中就有一个叫"罗胖60秒"的板块。在这个板块中，微信公众号运营者会用60秒的语音（公众号中还会用文字的形式呈现语音内容）发表自己的一些看法，如图7-6所示。在这60秒的内容中，用户会感受到该公众号运营者渊博的学识。也正是因为如此，许多人愿意关注"罗辑思维"这个公众号，更有甚者愿意花钱成为"罗辑思维"的会员。

**图 7-6 "罗胖 60 秒"的相关微信公众号文章**

### 4．体现个人情怀

我们不能否认的是，一直打广告的人确实不讨人喜欢。当运营者执意要做广告植入时，就应该考虑到有可能不被人接受这一点。聪明的运营者在日常的营销中也会尽量融入一些充满个人情怀的内容，这样不仅不会引人反感，甚至还会让人喜欢上他的文风，期待每天看到他发的内容。

因此，运营者要发多一些有个人情怀的内容，这会使你更容易脱颖而出，并且分享生活中的点点滴滴，也是最容易让别人与你产生互动的方法。

### 5．有很强的上进心

无论是哪个时代，一个具有远大理想、勇于拼搏、敢于奋斗的人更容易引起人们的关注和鼓励。因此，运营者在分享内容的时候，最好多发布一些正能量的内容，不管你是何性别、什么年龄，有梦想、敢于追逐，什么时候起步都不算晚。

运营者要让人觉得你积极向上，有很强的上进心，努力奋斗，感受到你个人的热情与温暖。这样你不仅能够激励到他人，并且还能提高他人对你的评价与看法，吸引人们的关注，让用户更加信任你，支持你的事业。

## 7.2.2　6 种分享，都是利器

运营者除了进行营销时需要发产品的图片和基本信息以外，为了让用户信任自己，也可以分享一些工作内容、工作环境、工作进展等，这些都是与用户增进关系的情感利器。

### 1．分享辛苦

在大多数人眼里，那些高高在上、拥有流量的大咖都是很轻松的，表面上非常光鲜亮丽，既有钱赚、又轻松，却很少有人知道，他们背后的努力和付出。

因此，运营者在营销过程中，平时除了发产品的图片和产品信息之外，还可以偶尔向用户诉诉苦，将自己辛苦工作的历程与情景进行分享，让好友看到一个努力认真为这份事业打拼的自己，从而赢得他们的信任。

### 2．分享激情

生活不仅有辛苦，还有着为梦想奋斗的无限激情，要想得到用户对你的认可，就要有可以激励人心的感染力。

运营者可以分享自己或团队积极乐观、拼搏上进的有激情的内容，或是一些大咖的成功案例，这样能起到鼓舞士气的作用，让用户对你更加信任。

### 3．分享团队

运营者只有团结互助才能促进团队强大，团队越强大，在私域流量变现道路上走得越长久。运营者可以分享团队培训、上课等一系列活动的照片，让用户知道，你并不是一个人，你所从事的事业和销售的产品都是有一定权威性的，是有团队一起经营的，让用户对你产生信任感。

### 4．分享资质

相同种类的产品，售卖的肯定不止你一家，怎样才能让用户相信你、购买你的产品呢？首先一点，运营者做的产品是可持续的、长久的，那么就要保障产品品质，有口碑，才能带来销量。

例如，运营者可以把对自家产品相关的新闻、明星代言的视频、质检合格证明等信息，分享至朋友圈，这样有图有真相，更有说服力。

### 5．分享体验

这里的体验，是指使用产品后的体验效果。运营者可以在朋友圈中多分享产品的体验效果，并将截图发朋友圈，这样可以增加产品的可信度。

很多时候，第一个使用产品的是运营者自己，对此，运营者可以将自己使用产品时的过程拍照或拍个小视频进行分享，并和用户分享使用后的效果体验，引导用户购买产品。用户用过后的使用体验与你一致，会促使他们再一次购买你的产品，还能获得用户对你的认可，效果好的话还会帮你做宣传。

### 6. 分享感悟

站在巨人的肩膀上，可以离成功更近。人们总喜欢听成功人士的演讲和他们成功的故事，反映了人们内心对成功的渴望，希望能从中得到启发或者说找到成功的捷径。

而我们在做私域流量变现时，每个人的收获都不一样，心得感悟也是不一样的。所谓"前人栽树，后人乘凉"，这句话不是没有道理的，运营者可以多发一些事业上的心得感悟，可能一些刚入门的人群，会对这些心得感悟产生不一样的联想、启示，进而有所收获。

## 7.2.3  4种技巧，占领时间

在做营销时，我们要合理地抓住用户的时间，这样才能在关键的时候发挥信息的作用，让用户看到发送的信息之后更愿意进入你的流量池。下面介绍4种占领用户碎片时间的技巧。

### 1. 早上7:00 ~ 9:00，发正能量内容

早上7:00 ~ 9:00的时间段，正好是大家起床、吃早餐的时候，有的人正在地铁、公交车上，这时候大家都喜欢拿起手机刷刷朋友圈、刷刷新闻。运营者可以发一些关于正能量的内容，给好友们传递正能量，让大家一天的好精神从阳光心态开始，最容易让大家记住你。

如图7-7所示，为某电商运营者的朋友圈内容，可以看到，其便是通过在早上发布正能量的内容，来传达阳光心态的。

完成　　　　　　　　**详情**

程辉
现在的付出，都是一种沉淀。决定人生的，不是命运，而是自己的每一次抉择……

早 ✿ ✿ ✿

2020年6月19日 07:56

**图7-7  早上发布正能量内容**

## 2. 中午 12:30 ～ 13:30，发趣味性内容

中午 12:30 ～ 13:30 的时间段，正是大家吃饭、休闲的时间，上午上了半天班有些辛苦，这时候大家都想看一些放松、搞笑、具有趣味性的内容，为枯燥的工作添加几许生活色彩。

中午大家吃饭的时候，也有刷手机的习惯，有的人是边吃饭边刷手机，特别是一个人吃饭的时候。所以，这时候运营者发一些趣味性的内容，也能引起朋友圈好友的关注，让大家记住你、记住你的产品。

## 3. 下午 17:30 ～ 18:30，发产品的内容

下午 17:30 ～ 18:30 的时间段，正是大家下班的高峰期，大部分人都在回家的路上，这时候刷手机的人也特别多，一天的工作疲惫心情需要通过手机来排减压力。运营者可以抓住这个时间段，来给产品好好做宣传，发布一些产品的特效，以及产品成交的信息。

如图 7-8 所示，为某电商运营者的朋友圈内容，可以看到其便是通过在下班高峰期发布产品信息，来刺激用户消费的。

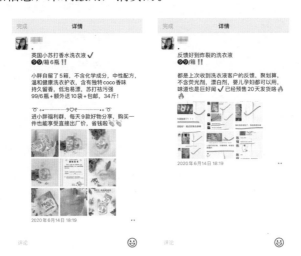

**图 7-8　下班高峰期发布产品信息**

## 4. 晚上 20:30 ～ 22:30，发情感方面的内容

晚上 20:30 ～ 22:30 的时间段，这时候大家基本都吃完饭了，有的坐在沙发上看电视，有的躺在床上休息，大家的心灵是比较恬静的，睡前刷朋友圈已经成为年轻人的生活习惯，所以，这个时候发情感方面的内容，最容易打动用户。

例如，微信公众号"十点读书"经常选择在深夜十点发布情感类的文章，给予用户心灵上的抚慰。如图7-9所示，为其发布的一篇情感类文章。

**图 7-9　深夜发布情感内容**

## 7.3　用户转化，获取好友

当运营者注册微信号、微信公众号、微信视频号和小程序，通过发布内容获得了大量粉丝后，接下来就可以把这些粉丝导入微信，将流量进行沉淀，获取源源不断的精准流量，降低流量获取成本，实现粉丝效益的最大化。

### 7.3.1　账号名称，展示微信

在账号名称中设置微信号无疑是一种展现微信号的有效方式。只要运营者在账号名称中展示自己的微信号，那么，用户如果想与你进一步交流，就会选择添加你的微信号。

不过，如果在账号名称中直接展示微信号，会让人觉得营销的意味过重，因此，运营者在使用这种方法展示微信号时需要多一分谨慎。

### 7.3.2　账号简介，写上微信

在账号简介中，运营者通常需要设置两种信息，一是账号的优势和特点；二是运营者的联系方式。对此，运营者可以在账号简介中展示自己的微信号，让用户主动添加你的微信。如图7-10所示，为某微信视频号的主页，可以看到其简介处便展示了微信号。

**图 7-10　在账号简介中展示微信号**

### 7.3.3　背景图片，设置微信

在个人微信视频号和朋友圈的顶部，都会显示账号背景图片。如果运营者需要将微信视频号和朋友圈的用户和好友引导至某个微信号，可以选择在背景图片中展示微信号。如图 7-11 所示，为某微信视频号的主页，可以看到其背景图片处便展示了微信号。

**图 7-11　在账号背景图片中展示微信号**

### 7.3.4　个人头像，隐藏微信

微信视频号、公众号、小程序和朋友圈个人头像都是图片，在其中放置微信号或微信二维码，系统也不容易识别，但头像的展示面积比较小，需要粉丝点击放大后才能看清楚，因此导流效果一般，如图 7-12 所示。另外，有微信号的头像也需要运营者提前用图片处理软件修好，再在账号中进行设置。

图 7-12    在账号头像中展示微信号

### 7.3.5    文案内容，体现微信

在微信视频号、公众号、小程序和朋友圈中，都是可以发布内容的。如果运营者需要引流到微信号，可以直接在内容中展示微信号或微信二维码。如图 7-13 所示，为微信公众号"手机摄影构图大全"发布的一篇文章的结尾部分，可以看到其便展示了运营者的微信二维码。

图 7-13    在发布的内容中展示微信二维码

### 7.3.6    关注信息，发送微信

如果运营者设置了关注信息，那么，用户关注微信公众号之后，便会收到设

置的信息。对此，运营者可以在关注信息中展示微信号，以此吸引用户添加你的微信号。如图 7-14 所示，为微信公众号"手机摄影构图大全"的关注信息，可以看到其便展示了运营者的微信号。

**图 7-14　关注信息中展示微信二维码**

## 7.4　私域引流，注意事项

虽然引流很重要，但是在引流的过程中也要稍加注意，不能为了一时的引流败坏了账号在用户心中的形象。具体来说，在进行引流的过程中有 3 个注意事项，本节就来分别进行解读。

### 7.4.1　营销之前，先做养号

看到标题，部分运营者可能对"养号"有一些疑惑。什么是养号呢？简单来说就是通过一些操作提升账号的初始权重。

为什么要养号呢？这主要是因为微信视频号会根据权重给你的账号一定的推荐量，你的账号权重越高，获得的推荐量自然就越多。另外，系统为了将精准流量推荐给优质的内容创作者，会从不同维度对一个账号是否正常进行检测。而养号的目的就是告诉平台你的账号是一个正常的账号。

那么，微信视频号怎么养号呢？笔者认为可以重点把握以下 3 个方面。

（1）账号信息填写完整，且在粉丝量不足 1 万时，可以先不在个人信息中出现微信、QQ 等联系方式。

（2）关注与你账号同类的账号，稳定登录并浏览相关视频，适时地与用户进行一些互动。

（3）填写所在的地区，并适时地浏览同城推荐的内容。

## 7.4.2　广告植入，尽量软化

虽然大部分运营者都希望通过运营赚取一桶金，而要想赚钱，进行广告植入又是很有必要的，但是，如果运营者直接展示产品，这样广告做得就太"硬"了，大部分用户看到这样的广告之后会选择忽视。

那么，怎样打广告比较合适呢？笔者认为主要还是得尽可能地将广告软化，让用户对你的广告不那么反感。比如，可以针对商品设计相关的剧情，让用户既觉得你的内容具有一定的趣味性，同时也能从内容中看到产品的使用效果。

其实对于一部分用户来说，讨厌的并不是广告，而是一些没有趣味性、一味地强调产品优点的广告。毕竟，大多数用户想看的是有趣味性或者有用处的内容，而不是来买东西的。如果用户觉得你的内容是在不停地引导他买东西，那么，用户很容易就会产生抵触情绪。这样一来，用户连你的内容都不愿意看，更不愿意进入你的流量池了。

## 7.4.3　发布内容，谨慎删除

有的内容是在发布了一周甚至一个月以后，才突然开始火爆起来的，所以这一点给笔者一个很大的感悟，那就是微信上其实人人都是平等的，唯一不平等的就是内容的质量。你的账号是否能够快速冲上 100 万粉丝，是否能够快速吸引目标用户的眼球，最核心的点还是内容。

所以，笔者强调一个核心词，叫"时间性"。因为很多人在做运营时有个不好的习惯，那就是当他发现某个内容的整体数据很差时，就会把这个内容删除。笔者建议大家千万不要删除你之前发布的内容，尤其是你的账号还处在稳定成长的时候，删除作品对账号会产生一定的影响。

删除作品可能会减少你上热门的机会，减少内容被再次推荐的可能性，减少进入你的流量池的用户的数量。而且过往的权重也会受到影响，因为你的账号本来已经运营维护得很好了，内容已经能够很稳定地得到推荐，此时把之前的视频删除，可能会影响你当下已经拥有的整体数据。

这就是"时间性"的表现，那些默默无闻的作品，可能过一段时间又能够得到一个流量扶持或曝光，因此我们唯一不能做的就是把作品删除。当然，如果你觉得删除内容没有多大影响，你可以删除试一下，但根据我们之前实操去删除作品的账号发现，账号的数据会受到很大的影响。

# 第 8 章

# 数据分析，评估调整

**学前提示**

看到本章标题之后，部分运营者心中可能会有疑问：这是一本讲运营的书，为什么要花一章的内容来介绍数据分析呢？

这主要是因为运营者通过数据分析，可以对运营效果进行评估和调整，进而提高自身的运营水平。所以，在运营过程中，数据分析是必不可少的。

**要点展示**

▶ 数据分析，好处多多

▶ 微信后台，数据分析

▶ 收集分析，寻找答案

▶ 利用数据，构建画像

## 8.1　数据分析，好处多多

对于运营者来说，要想做好一个自媒体品牌，就必须学会用数据说话，数据分析有很多好处，例如获得更多粉丝、更好地进行内容运营、打开热点营销的开关、增强商业变现效果等，有了这些操作，才能更好地实现盈利。

### 8.1.1　精准营销，赢得粉丝

微信已经成为时下一个重要的营销平台，从微信公众平台后台开发出的一套数据分析系统中就可以看出，对于微信运营者来说，这套数据分析系统能够帮助他们实现更为精准化的营销。

很多微信运营者看到后台的数据，不知从何入手，其实这些数据能够给运营者带来很多启示，关键看运营者会不会解读这些数据。

对于微信的运营，众所周知，所有的发展和建设都必须建立在微信粉丝群的基础上，没有足够数量的粉丝群体，再多的努力也是白费。因此，运营者要特别关心用户的动态，了解用户的数量变化就是很好的切入点。

在平时，运营者可能还看不出这些数据的变化，但是当微信平台推出了新的计划后，这些用户数量的变化就能起到很好的作用了，它能够反映新计划的效果，让运营者能够根据这些数据总结经验、查漏补缺。

微信后台的图文数据分析，能够帮助运营者找出内容的不足，从而打造出更吸引粉丝的内容。如果一篇文章，不仅阅读量达到了一定的数量，而且转发量也非常高，那就说明用户对文章的内容非常感兴趣，当他们将文章转发分享到自己朋友圈的时候，他们的朋友也会看到这些文章，如果他们的朋友也对文章的内容感兴趣，就很有可能多次进行转发和传播，从而让文章的传播力度更大，传播范围更广。

反之，如果一篇文章的阅读量、转发量都不高，那就说明文章还有很多需要改进的地方，运营者可以通过图文数据来判断用户的喜好情况，然后打造更受他们欢迎的内容，这样就能赢得更多粉丝了。

### 8.1.2　热点营销，打开开关

运营者要想做好账号运营，就必须了解一些找到热点、打开营销思路的方法，只有账号发布的内容本身聚集了话题和热点，才能获得用户的关注，而要想获得这些热点，就必须结合各个平台的数据排行榜来分析，这也是数据分析的第二个好处：打开热点营销的开关。那么，具体如何打开热点营销的开关呢？运营者可以重点做好以下 3 个方面的分析。

### 1．百度指数上分析趋势

百度指数是互联网时代最重要的数据分享平台之一，该平台是基于百度用户行为数据建立起来的平台，通过该平台，微信运营者能够了解某个热点的火热程度，它能够将竞争产品、受众指向、传播效果等数据和信息，以科学的图谱方法呈现在人们面前。

如果运营者想要了解某个热点的火热程度，只要在百度指数查询栏里输入热点关键词即可。如图 8-1 所示，为热门电视剧《你是我的命中注定》的指数趋势图。

**图 8-1　《你是我的命中注定》的指数趋势图**

如果运营者遇到了好几个同类的热点，不知道哪个热点更受关注，可以在热点关键词后面添加对比词，然后可以查看哪一个热点的关注指数更好。

总结来说，运营者通过百度指数，可以了解 5 个方面的信息，如图 8-2 所示。

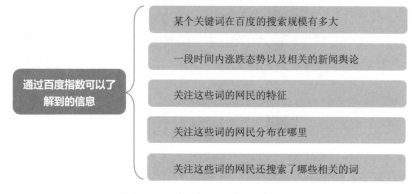

**图 8-2　通过百度指数可以了解到的信息**

### 2．微博热门话题分析热门

微博上的热门话题，向人们展示了微博内关注度比较高的热门事件。微信运营者可以单击"热门话题"板块的"查看更多"按钮，如图8-3所示。操作完成后，即可进入"热门话题"界面，查看微博当前热门话题排行情况，如图8-4所示。

微信平台运营者可以根据自己平台运营的方向，找到自己关注的领域的话题，然后将这个话题嵌入自己推送的文章或视频中，以此提高用户对内容的关注度、增加用户查看的欲望。

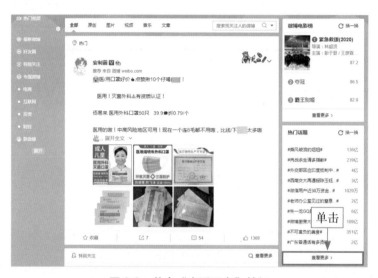

图 8-3　单击"查看更多"按钮

图 8-4　微博"热门话题"界面

### 3. 阿里指数分析产品

对于电商类或者以销售产品为主的微信视频号、公众平台、小程序和朋友圈运营者来说，关注市场行情是很有必要的，这类微信平台运营者需要了解商品行情，知道什么最好卖。对此，运营者可以通过阿里指数来查看商品销售情况。

具体来说，运营者可以进入阿里指数官网首页，选择"阿里排行"选项，如图 8-5 所示。

**图 8-5　选择"阿里排行"选项**

操作完成后，进入"阿里排行"界面，单击"产品排行榜"按钮，即可查看某类产品的销售排行情况，如图 8-6 所示。如图 8-7 所示，为女装产品"最近 30 天"销售排行情况。

**图 8-6　单击"产品排行榜"按钮**

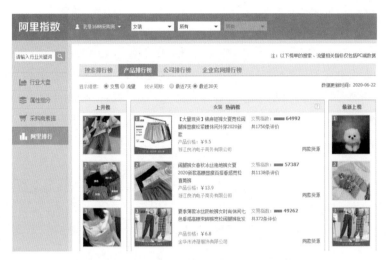

**图 8-7 女装产品"最近 30 天"销售排行情况**

另外，如果运营者要查看其他类别的产品排行情况，也可以单击"女装"后方的 ▼ 图标，在弹出的列表框中选择需要查看的产品类别，如图 8-8 所示。

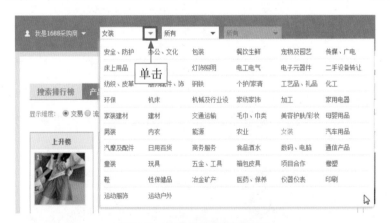

**图 8-8 弹出产品类别列表框**

除了分析产品销售排行情况之外，运营者还可以对产品的如下数据进行分析，并根据分析选择更适合自己销售的产品。

（1）搜索上升榜。

（2）产品热搜榜。

（3）产品转化率榜。

（4）产品新词榜。

（5）产品流量获取榜等。

### 8.1.3　内容运营，更有把握

进行数据分析的第二个好处，就是能够帮助运营者对平台的内容有一个更好的把握。对于新手运营者来说，进行平台内容运营时，可以通过数据的综合分析，得知哪些内容更受用户的欢迎。

比如，运营者可以查看平台当前的热门内容，了解用户关注的是哪方面的内容；又如，运营者可以通过数据的分析对比，了解自己发布的两条内容中哪一条更受用户的欢迎。

### 8.1.4　实现转化，商业变现

对于微信运营者来说，微信运营的最终目的是赚取利益。运营账号是一个耗费时间和精力的活儿，如果没有利润可言，谁愿意耗费那么多的时间和精力去运营这样一个平台呢？正是因为它隐藏着的巨大潜力，才会让那么多的运营者纷至沓来，试图在众多的竞争者中占据一席之地。

运营有很多重要的环节，而吸粉引流、打开营销道路、内容编写都是为商业变现做铺垫的，如果平台没有优秀的内容、没有足够的粉丝、没有合适的营销渠道，就算做再多的努力也没有用。

而数据分析是实现这些环节的重要前提，没有数据分析，运营者如何了解用户的喜好？怎么打造用户喜欢的内容？没有内容，自然无法吸引用户关注账号，也就无法实现商业变现，因此，数据分析是运营者吸粉引流，最终实现商业变现的前提，有了科学的数据分析做基础，才能更好地实现商业变现。

## 8.2　微信后台，数据分析

在微信后台的"用户分析"功能中，除了了解用户的增长数据之外，还能够了解用户的分布属性。下面以微信公众号"手机摄影构图大全"为例，主要从性别、年龄、语言、地域等方面进行介绍。

### 8.2.1　了解粉丝，非常重要

了解粉丝的重要性，其实就是了解市场上各行各业对目标用户群体定位的重要性，在互联网时代，谁拥有更多的粉丝量，谁就能更快地取得商机，获取盈利。

但是，仅仅拥有一定的粉丝数量还是不够的，还要懂得粉丝的心理，通过一系列的后台数据构建用户画像，才能为微信运营者提供更多的决策依据，让企业的决策精准度高、成本低、效果好。

　　而一个好的决策依据，能够帮助运营者做出正确的运营决策，促进用户的增加，实现吸粉的目的，因此，数据分析对构建用户画像、制定更好的决策、实现增粉是非常重要的。

### 8.2.2　用户性别，分析比例

　　在经营微信公众号的过程中，如果微信运营者想要知道用户的性别属性，就可以在后台进入"用户分析"页面，然后单击"用户属性"按钮，如图8-9所示。

图8-9　单击"用户属性"按钮

　　执行操作后，进入"用户属性"页面，就能查看微信公众平台的性别分布图，如图8-10所示。

　　把鼠标指针放在分布图上，就能看到分布的数据，如图8-11所示。从图8-11中可以看出，"手机摄影构图大全"的男性用户比女性用户多一些，微信运营者要根据微信公众号的定位来判断这样的比例是否和微信公众号的目标用户群体相匹配。

　　因为用户的性别比例相差不大，所以运营者在发布图文消息的时候，要兼顾男性用户和女性用户的喜好习惯和行为模式，这就要求运营者对"摄影构图"的内容有更精细化的分类。

　　笔者认为，平台运营者可以将用户按照性别进行分组，分为女性组和男性组，然后发布一些有个性的或者有针对性的内容。例如，针对女性用户，可以发布一些和美妆、情感、闺蜜相关的手机构图知识；而针对男性用户，则可以发布一些与黑科技、美剧大片相关的手机构图知识。笔者在这里只是举例说明，详细的策略还需要各平台运营者自行揣摩和研究。

图 8-10　性别分布图

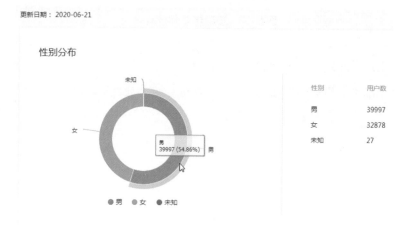

图 8-11　查看性别分布数据

同时，笔者提醒各平台运营者，因为微信平台对每一位用户的信息都是保密的，因此，运营者在对男女性别进行分类的时候可能会遇到困难，这里笔者可以教给大家一个方法，就是看用户的姓名和头像。

现在玩微信的人，很少会出现以前 QQ 上的那种非主流的名字了，很多人的名字都比较有特点，通过名字，一看就知道是男是女了，而且很多用户的头像也很有代表性，因此运营者可以通过用户的头像和名字来辨别其真实的性别。

### 8.2.3　用户年龄，集中情况

用户年龄分布数据在用户性别分布的下方，通过该数据，微信运营者可以了解关注账号的人群主要是哪些年龄段。如图 8-12 所示，为微信公众号"手机摄影构图大全"的用户年龄分布数据。

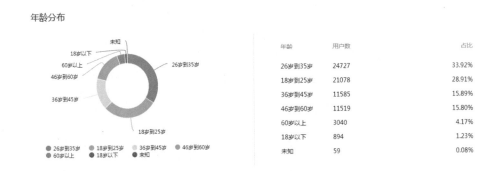

| 年龄 | 用户数 | 占比 |
| --- | --- | --- |
| 26岁到35岁 | 24727 | 33.92% |
| 18岁到25岁 | 21078 | 28.91% |
| 36岁到45岁 | 11585 | 15.89% |
| 46岁到60岁 | 11519 | 15.80% |
| 60岁以上 | 3040 | 4.17% |
| 18岁以下 | 894 | 1.23% |
| 未知 | 59 | 0.08% |

**图 8-12　查看年龄分布数据**

### 8.2.4　用户语言，哪种最多

在"年龄分布"的下方就是"语言分布"图。如图 8-13 所示，为"手机摄影构图大全"的语言分布图。

| 语言 | 用户数 | 占比 |
| --- | --- | --- |
| 简体中文 | 71333 | 97.85% |
| 英文 | 662 | 0.91% |
| 未知 | 474 | 0.65% |
| 繁体中文 | 433 | 0.59% |

**图 8-13　语言分布图**

从图 8-13 中可以看出，在"手机摄影构图大全"的用户群体中，使用简体中文的用户数量为 71333 人，使用英文的用户数量为 662 人，使用繁体中文的用户数量为 433 人，还有使用未知语言的用户为 474 人。

## 8.2.5　用户地域，来自哪里

2015 年 9 月，微信公众平台对用户的地理位置数据进行了优化，从而给微信管理者带来了极大的便利——提供省份和城市的分布情况。微信运营者单击"用户属性"下方的"地域归属"按钮，可以查看用户"省份分布""地级分布"的数据，了解用户主要来自哪里。

### 1．省份分布

"省份分布"能够让微信公众号运营者看到微信公众号用户在各省的分布情况。在"省份分布"图的左侧是一张省份地图，微信公众号运营者将鼠标指针放在地图上，就会出现相应省份的名称和该省份的用户数量。"省份分布"图的右侧则是省份对应用户数的具体数据情况。如图 8-14 所示，为"手机摄影构图大全"的省份对应用户数的具体数据。

| 地域 | 用户数 | 占比 |
|---|---|---|
| 广东省 | 12860 | 18.00% |
| 浙江省 | 4778 | 6.69% |
| 江苏省 | 4622 | 6.47% |
| 四川省 | 3686 | 5.16% |
| 北京 | 3607 | 5.05% |
| 山东省 | 3452 | 4.83% |
| 湖南省 | 3220 | 4.51% |

1 / 5　▸　　跳转

**图 8-14　省份对应用户数的具体数据**

### 2．地级分布

"地级分布"的数据在"省份分布"数据的下方，微信公众号运营者可以选择某个省份，查看该省城市用户的分布情况。如图 8-15 所示，为"手机摄影构图大全"广东省地级分布对应用户数的具体数据。

微信公众号运营者可以根据地域分布进行营销，主要的营销思路有 3 个，如图 8-16 所示。

| 地域 | 用户数 | 占比 |
|------|--------|------|
| 深圳 | 3198 | 32.22% |
| 广州 | 2598 | 26.17% |
| 佛山 | 466 | 4.69% |
| 湛江 | 376 | 3.79% |
| 东莞 | 371 | 3.74% |
| 珠海 | 348 | 3.51% |
| 汕头 | 335 | 3.37% |

1/3  ›  跳转

**图 8-15  广东省地级分布对应用户数的具体数据**

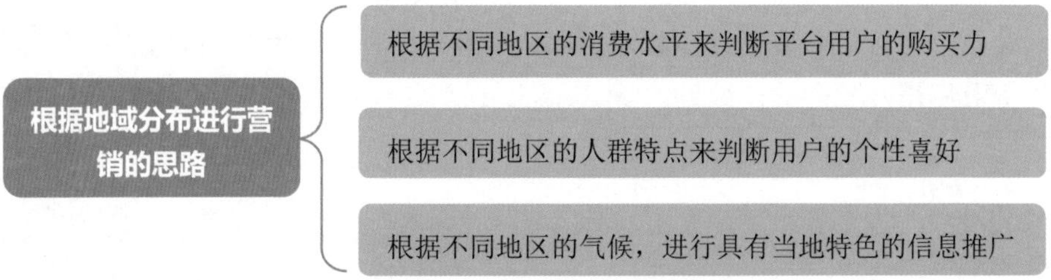

**图 8-16  根据地域分布进行营销的思路**

## 8.3  收集分析，寻找答案

数据能够带给我们最好的答案，想要分析数据，就必须学会数据分析的流程，一般来说，数据分析的流程包括收集数据、整理数据、将数据转变成图形、分析数据和得出结论这 5 点。

### 8.3.1  收集数据，找好平台

如何收集数据是所有微信平台运营者需要思考的一个问题，对于大多数微信运营者来说，主要的数据来源就是微信后台的一系列数据，但是仅仅通过后台渠道来收集数据，往往不够全面，因此微信运营者必须知道，除了微信后台之外，还有很多其他收集数据的方法。下面介绍几种数据来源平台。

## 1. 微信后台

微信后台是每个微信运营者都必须重点关注的地方，前面提到过，在微信后台的统计功能模块下，有 6 大分析项目，分别是用户分析、图文分析、菜单分析、消息分析、接口分析和网页分析。

在这些项目中，每一个指标下都会有趋势图，这些趋势图是通过折线的形式表现出来的，不需要运营者自己再去制作图形。运营者通过这些折线图，能够一目了然地进行数据分析。如图 8-17 所示，为用户分析项目中"新增人数"的趋势图。

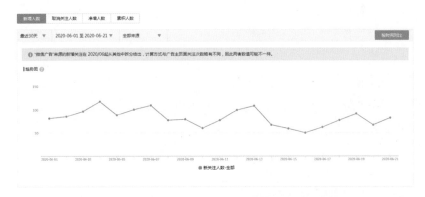

**图 8-17　"用户分析"项目中"新增人数"的趋势图**

除了查看趋势图数据之外，运营者还可以直接获得原始数据，然后根据自己的需要对原始数据进行后期加工处理，具体的操作方式是在下面的数据表格中单击"下载表格"按钮，就能将数据导入 Excel 表格中，如图 8-18 所示。

| 2020-06-01 至 2020-06-21 | | | 下载表格 |
|---|---|---|---|
| 时间 | 新关注人数 | 取消关注人数 | 净增关注人数 | 累积关注人数 |
| 2020-06-21 | 82 | 22 | 60 | 72902 |
| 2020-06-20 | 67 | 25 | 42 | 72842 |
| 2020-06-19 | 91 | 36 | 55 | 72800 |
| 2020-06-18 | 77 | 28 | 49 | 72745 |
| 2020-06-17 | 62 | 16 | 46 | 72696 |
| 2020-06-16 | 50 | 26 | 24 | 72650 |
| 2020-06-15 | 59 | 20 | 39 | 72626 |
| 2020-06-14 | 67 | 18 | 49 | 72587 |
| 2020-06-13 | 108 | 28 | 80 | 72538 |
| 2020-06-12 | 99 | 28 | 71 | 72458 |
| 2020-06-11 | 77 | 24 | 53 | 72387 |
| 2020-06-10 | 60 | 22 | 38 | 72334 |
| 2020-06-09 | 79 | 27 | 52 | 72296 |
| 2020-06-08 | 77 | 14 | 63 | 72244 |

单击

1/2 跳转

**图 8-18　单击"下载表格"按钮**

## 2. 新榜平台

有一个为微信公众号内容进行价值评估的第三方机构平台，微信运营者一定不能错过，这个第三方机构平台就是新榜平台。目前，新榜平台上有超过 1000 万个微信公众号，对超过 24 万个有影响力的优秀账号实行每日固定监测，从而发布影响力排行榜。

通过新榜平台，微信运营者可以查询某公众号的排名情况，还可以查询统计周期内的如下数据。

（1）发布数据。

（2）总阅读数据、头条阅读数。

（3）点赞数。

（4）当日排名数据。

如图 8-19 所示，为微信公众号"一禅小和尚"在新榜平台上 2020 年 6 月 18 日的日榜数据。

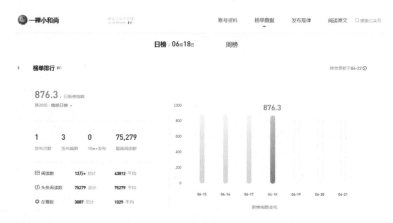

**图 8-19 查看新榜平台的日榜数据**

## 3. 清博平台

清博是一个大数据平台，目前拥有超过 300 万微信粉丝的社交矩阵，与 BAT 三大巨头、网易、今日头条等互联网公司有深度合作。

在清博指数平台上，微信运营者在首页输入微信公众号的 ID 或者名称，就能看到它的排名情况，还可以收集以下数据。

（1）排名。

（2）活跃粉丝数。

（3）阅读数、头条阅读数。

（4）微信传播指数等。

如图 8-20 所示，为微信公众号"十点读书"在清博指数平台上 2020 年 6 月 21 日的数据。

**图 8-20　查看清博指数平台的数据**

## 4．头条号、一点资讯等

微信公众平台的运营者，可以在今日头条、一点资讯这样的平台上发布文章，然后在后台查看并整理统计数据。如图 8-21 所示，为"手机摄影构图大全"在头条号平台上的作品数据情况。

**图 8-21　查看头条号平台的数据**

### 8.3.2 整理数据，导出数据

要整理数据，首先要将后台的数据导出来，将后台的数据导出来之后，就要对数据进行一定的整理，整理的方法有很多种，主要包括以下几方面。

（1）剔除多余的、无用的数据或元素，以免对后面的数据分析造成某种干扰。如果不需要某项数据，运营者只需单击鼠标右键，在弹出的快捷菜单中选择"删除"命令，即可删除该项数据，如图 8-22 所示。

**图 8-22　删除不需要的元素**

（2）对数据进行简单的计算，以发现更多的信息点，为后面的数据分析打下基础。数据的计算包括求和、平均数计算等，数据计算的方式可以在"公式"选项卡中进行选择，如图 8-23 所示。

**图 8-23　数据计算**

（3）对于一些需要特别注意的数据，为了不在后面的分析中将其遗忘，可以将其标注出来，例如改变数据颜色、字体，为单元格填充颜色等，改变数字颜色只要单击"字体颜色"按钮，就能选择想要的颜色。如果运营者要进行其他标注，可以选中数据，然后在弹出的右键菜单中选择"设置单元格格式"命令，更改数据所在单元格的格式，如图 8-24 所示。

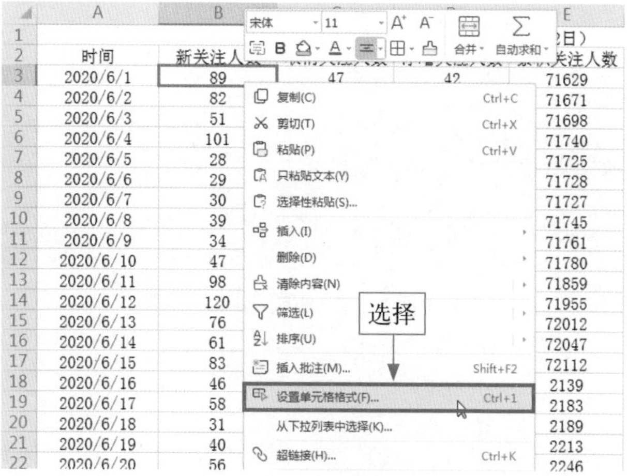

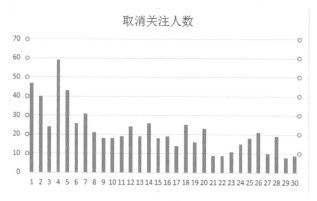

**图 8-24　标注数据**

### 8.3.3　数据转化，变成图形

数据可以有很多种表现形式，纯数据的表格形式往往会让人一下子看不到重点，所以整理好数据后，就要将数据的形式进行转变，以方便运营者观察数据。如图 8-25 所示，为取消关注人数的柱形图。

**图 8-25　取消关注人数的柱形图**

在将数据转变为图形的过程中，运营者可以根据数据的表现形式，选择不同的图形，如图 8-26 所示。

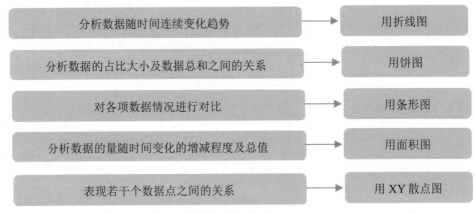

**图 8-26　数据表现形式的总结**

### 8.3.4　分析数据，了解变化

收集数据、整理数据之后，就要对数据进行分析，需要将数据进行对比、分析趋势变化并且找出其中一些特殊点，再结合平台的具体运营情况进行分析。

例如，看到某个时间段，阅读量突然暴增或者突然骤减，这时候运营者就必须了解这些时间段内推送的文章是什么，都有什么特点，然后查出导致阅读量暴增或者骤减的原因。

例如，平台的新增用户在某个时期突然持续性地暴增，那么很有可能是微信公众平台在这段时间里发布活动了，从而导致用户持续性增加，也有可能是其他原因导致平台用户持续增长，运营者需要根据这些数据，将深层次的原因找出来，为以后的平台运营打下基础、积累经验。

### 8.3.5　得出结论，挖掘原因

分析完数据后，就要得出结论了，结论通常是用来解释造成这样数据的原因，运营者通常要纵观全局，才能发掘出最深层次的原因。

例如，对于某个开全国连锁店的商家来说，通过企业微信公众平台，发现某个省的用户分布比较多，比其他省要高出很多，这个时候，企业的微信平台运营者就需要分析为什么会出现这样的情况。于是运营者就从多个角度提出设想，进行对比分析，最后找出原因——发现该省的宣传工作做得更好，所以该省的用户数量比较多。因此得出结论：该省的宣传工作方法可行，宣传效果显著。公司就可以把该省的这种宣传手段推广到其他的连锁店，来帮助提高企业微信公众平台的粉丝量。

## 8.4 利用数据，构建画像

粉丝经济时代，用户画像在任何领域中都能起到非常重要的作用，通过用户调研、数据分析、问卷访谈等方式，将用户的一些基本信息和行为属性综合起来，然后得出用户的精准画像，将用户这个角色更加立体化、个性化、形象化，帮助运营者能够针对用户的属性特点，找出最好的运营方式。

如图 8-27 所示，为某品牌对用户画像进行的一个系统的总结，通过用户的性别、年龄、收入、教育水平、地域、职业、消费偏好、兴趣爱好、生活状态等方面对用户进行精准的分析，勾勒出一个生动而立体化的用户形象。

图 8-27　用户画像

### 8.4.1　快速了解，用户画像

用户画像又叫用户角色，是团队用来分析用户行为、动机、个人喜好的一种工具，用户画像能够让团队更加聚焦用户群体，对目标用户群体有一个更为精准的了解和分析。

对于微信公众号运营者来说，如果没有一个精准的期望目标，而是用户画像模糊，比如既囊括了男人女人、老人小孩，又囊括了文艺青年、热衷八卦的青年等，这样的产品终究会走向消亡。

用户画像除了包括图 8-27 所示的要素之外，还包含如下细化内容。

（1）星座。

（2）婚否。

（3）身高体形。

（4）购买力。

（5）购物类型。

（6）颜色偏好。

（7）消费信用水平。

（8）是否有房、车。

（9）心理健康程度。

（10）社交类型和活跃度等。

## 8.4.2　为何要做，用户画像

对于微信公众平台来说，每一个平台都是为特定的用户提供服务而存在的，用户并不是运营者脱离实际虚构出来的，是由一群具有代表性的用户群体和目标受众的各类数据总结而来的。

用户画像最核心的目的是给用户打上一个标签，从而实现数据的分类统计。例如，在北京地区的用户有多少，喜欢唱歌的用户有多少，男性用户和女性用户分别有多少等。

除了利用用户画像数据做最简单的数据分类统计之外，还可以进行关联数据计算和聚类数据分析等。例如，在北京地区的女性用户占多少比例，在北京地区的用户年龄分布情况等。

用户画像通过大数据处理方式，为运营者带来了更便利、更精准化的数据结果，让运营者在投放广告和平台内容的时候，能够准确地抓住用户的心理，将他们想要的信息投放出去，满足他们的需求。

## 8.4.3　如何构建，用户画像

在学习构建用户画像之前，微信运营者必须知道一个优秀的、令人信服的用户画像需要满足哪些条件，如图 8-28 所示。

那么，如何创建用户画像呢？要想创建好用户画像，运营者主要需要做好 5 个步骤，如图 8-29 所示。

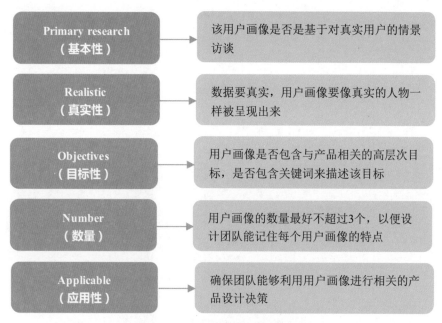

图 8-28 用户画像需要满足的条件

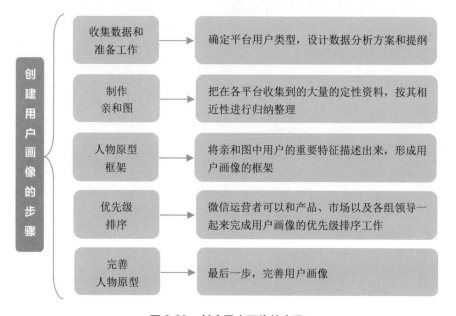

图 8-29 创建用户画像的步骤

# 第9章

# 带货卖货，刺激消费

学前
提示

　　许多微信视频号、公众号、小程序和朋友圈运营者运营账号最直接的目的就是通过发布内容来带货卖货，从而充分挖掘账号的变现能力。

　　那么，运营者要如何带货卖货，才能充分激发用户的消费欲望呢？本章就来给大家介绍一些方法。

要点
展示

▶ 选好产品，收益更多

▶ 带货内容，制作技巧

▶ 带货卖货，常见方法

▶ 内容带货，话术要点

▶ 带货文案，赢得信任

## 9.1　选好产品，收益更多

运营者通过微信视频号、公众号、小程序和朋友圈带货卖货时，需要针对自己的用户特点提供精准的商品，这样才能获得更多收益。

### 9.1.1　产品毛利，一定要高

因为微信视频号、公众号、小程序和朋友圈平台并不是真正意义上的电商平台，因此用户的购物需求并不太旺盛，他们在这些平台上买东西更多的是一时兴起。因此，运营者要尽可能围绕消费者诉求找一些高单价、高毛利的产品，这样才能够保证自身的利润。

首先，在选择货源方面，建议运营者无论想卖什么，或者正在卖什么，都一定要选择正品货源。其次是品类定位，建议运营者选择自己喜欢的产品去做，这样做一般不会差。因为你喜欢这款产品，所以自然而然会全心投入地去经营这款产品。

利润与销售额直接挂钩，这两个变量很重要。薄利多销并不适合刚起步做"微商"的运营者，因为无论是出于经验还是资源考虑，都不可能在短时间内获得大量的订单，所以就要控制合理的"高"单价，然后通过其他的附加福利，辅助自己的销售。

### 9.1.2　产品复购，要有保障

许多用户都不会将微信视频号、公众号、小程序和朋友圈作为主要的购物平台，因此运营者应选择一些复购率较高的产品，吸引用户长期购买，提升老客户的黏性，避免付出过高的引流成本。

成功的运营者大部分的利润都来自老客户，所以运营者要不断地提升产品竞争力、品牌竞争力、服务竞争力和营销竞争力，促进用户的二次购买，甚至实现长期合作。要做到这一点，关键就在于货源的选择，运营者必须记住一句话，那就是"产品的选择远远大于盲目的努力"，因此要尽可能地选择一些能够让用户产生依赖的货源。

### 9.1.3　把握市场，掌握刚需

精准地掌握用户刚需，牢牢把住市场需求，这是所有运营者都必须具备的敏感技能。只有把握市场，才能将商品卖给用户，从而实现变现。

那么，用户为什么要买你的产品呢？最基本的答案就是，你的产品或服务能够满足他的需求，解决他面临的难题、痛点。例如，共享单车的出现，解决了人们就近出行的刚需难题，因此很快就火爆了起来。

刚需是刚性需求的简称，是指在商品供求关系中受价格影响较小的需求。从字面可以理解，"刚需"就是硬性的，是人们生活中必须用的东西。对于运营者的产品选择来说，只有将产品定位在刚需的基础上，才能保证用户基数足够大，而不是目标人群越挖越窄。

## 9.2 带货内容，制作技巧

许多运营者之所以要做微信视频号、公众号、小程序和朋友圈运营，主要是因为这些平台拥有强大的社交传播能力和广告带货能力。而这些平台的这两个能力的大小，又是由自身的平台基因和用户的状态决定的。用户在放松、随机和无意识的状态下，会更容易被动地接受广告主的植入信息。因此，运营者想制作一条具有广告带货能力的内容，还需要掌握一些技巧，将广告巧妙地植入，让用户愿意看完你的内容。

### 9.2.1 创意产品，展示功能

如果你的产品本身就很有趣味和创意，或者自带话题性，则不需要绕弯子，可以直接展示产品的神奇功能。

如图 9-1 所示，为微信视频号中关于某油锅灭火产品的短视频。在该短视频中，运营者向起了大火的锅内放置了该灭火产品，没过多久，锅内的火就熄灭了，由此便能让用户看到该产品的神奇灭火功能。

图 9-1　展现产品的神奇功能

总的来说，如果你的产品已经做得很有创意并且功能新颖，可以方便随时做展示，那么，就可以在微信视频号、公众号、小程序和朋友圈中直接做营销推广。

这种营销方法非常适合一些电商产品，尤其是一些用法比较独特的产品。比如给厌食的宝宝做好玩饭团的工具、手机壳和自拍杆融为一体的"聚会神器"、会跳舞的太阳花等，都是借助一个视频成为爆款的。

## 9.2.2 放大优势，便于记忆

那么，对于一些功能没有太多亮点的产品怎么办呢？对于这样的产品，运营者可以就产品的某个或某几个独有的特征，尝试用夸张的方式呈现，便于用户记忆。其实原理与上一小节介绍的方法本质基本相同，都是展示产品本身，不同之处在于："展示神奇功能"只是简单地展示该功能本身的神奇之处，而"放大优势"则是在已有功能上进行创意表现。

例如，在一个短视频中，刚开始视频中的男士是一个有些邋遢的大叔形象，使用了某面膜之后，不仅脸上的皮肤状态看上去好了很多，而且发型和着装等也变得非常时尚，整个人看上去成了一个帅气的小伙。

通过视频前后的对比，用户会觉得使用该面膜能给人加分不少，甚至会将造型和穿着的加分也归功于该面膜的使用。这样一来，该面膜的优势得到了放大，而用户心中也对其留下了深刻的印象。

## 9.2.3 策划段子，刺激需求

运营者在策划广告内容时，可以围绕产品本身的功能和特点，结合创意段子，对常见的产品功能重新进行演绎，打造形式新颖的内容，刺激用户的购买需求。

在短视频中，一位女士要去参加前男友的婚礼的段子，来刺激用户的购物需求。一般来说，女性去参加前男友的婚礼时，都希望自己能更漂亮一些，甚至比新娘更漂亮，让自己的前男友后悔去吧。于是该视频中就让模特穿上需要销售的产品，让用户看到穿上后的良好效果，从而刺激购买。

## 9.2.4 分享干货，使用产品

知识干货类内容在微信视频号、公众号、小程序和朋友圈中非常受欢迎，因为这类内容讲解清晰，用户用很短的时间即可掌握，所以大家都乐于点赞和分享。例如，微信公众号"手机摄影构图大全"就经常发布一些干货类摄影内容，同时植入运营者编写的摄影书，如图 9-2 所示。

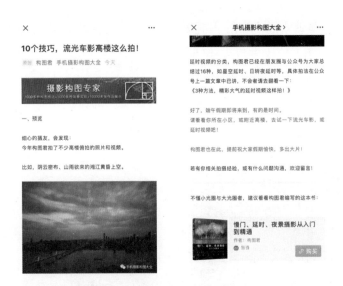

**图 9-2　分享干货内容的同时进行植入**

用户通过干货类的内容，能够学到一些具有实用性和技巧性的常识和操作技巧，从而帮助他们解决平时遇到的一些疑问和难题。基于这一点，要求运营者在某个内容的运营方面必须是专业的，其内容也是能够接地气的，是能带给用户实实在在的经验积累。

## 9.2.5　场景植入，展露品牌

所谓的场景植入也很容易理解，就像我们看电视剧或者电影的时候，在画面中人物角色的背景出现的广告和产品。所以场景植入可以理解为在制作一条搞笑或者娱乐类内容时，在人物的旁边出现一个要宣传的产品或者产品 Logo 等，这样可以起到很好的宣传效果。

例如，在格力发布的某条短视频中，并没有直接给出产品购买链接，但却借助场景，在合适的时候露出了"格力""格力晶弘"等 Logo。这种做法营销痕迹相对较弱，因此，用户接受度相对来说是比较高的。

## 9.2.6　口碑营销，展示体验

产品好不好，不一定要企业自己来说，运营者完全可以通过展示用户体验和产品口碑，从侧面呈现销量的火爆。为了更好地呈现产品口碑，运营者可以在发布的内容中展示产品的好评、消费者排队抢购、消费者的笑脸、店铺中的各种优质服务以及被消费者打爆的预约电话等场景画面。

例如，某微信公众号发布的一篇文章的标题用上了"大家都说好"这个短语，并且在正文中对相关产品进行了详细的介绍，如图 9-3 所示。用户在看到这些信息时，就会觉得这些产品确实是值得购买的，这就是典型的口碑营销。

图 9-3　某微信公众号文章中的口碑营销

## 9.3　带货卖货，常见方法

微信视频号、公众号、小程序和朋友圈平台，特别是微信视频号和朋友圈平台最初的定位就是一个用户个人生活和趣味内容的平台，而大多数用户之所以愿意看微信视频号和朋友圈，就是希望看到有趣的内容。正是因为如此，运营者发布的内容就成了微信视频号、公众号、小程序和朋友圈带货的重要载体，如果能够利用好发布的内容，就能让产品获得不错的销量。

那么，如何利用发布的内容进行带货呢？本节将重点对 5 种带货方法进行简单的解读。

### 9.3.1　异性相吸，可以善用

男性和女性看待同一个问题的角度有时候会有一些差异，可能某一事物对男性来说并没有多大的吸引力，但是却能让女性尖叫。而善用异性相吸的原则，可以在增强内容针对性的同时，提高内容对目标用户的吸引力。

异性相吸原则的使用，通常就是以真人出镜的方式，用发布内容中的美女吸引男性用户，或者用发布内容中的帅哥吸引女性用户。采用这种方式的短视频，通常能获得不错的流量，但是，如果所发布内容中产品自身的吸引力不够，销量还是难以得到保障。

其实，在笔者看来，除了上面这种方式之外，还有另一种异性相吸，那就是让用户购买异性才会用到的产品。让用户看到该产品对于异性的价值，从而让用户愿意将该产品作为礼物送给异性。

这种异性相吸原则的使用，关键就在于让用户看到产品对异性的价值，以及异性在收到礼物之后的反应。如果用户觉得产品对异性朋友来说很有用，或者送出该产品能暖到异性的心，那么，用户自然愿意购买该产品。

如图 9-4 所示，为某微信公众号的一篇文章，可以看到，该文章就是采用异性相吸原则，将产品打造成男性适合送给女朋友的走心小礼物来促进产品销售的。

图 9-4　运用异性相吸原则带货

### 9.3.2　学会刺激，受众需求

一款产品要想获得较为可观的销量，必须刺激消费者的需求，让消费者在看到产品的价值之后，愿意花钱购买。

我们经常可以看到一些整体差不多的产品，但是，不同店铺的销量却有可能出现比较大的差异。这是为什么呢？当然，这可能与店铺的粉丝量有一定的关系，那么有的店铺粉丝量差距也不大，同样的产品销量差异却比较大，这又是什么原因呢？

其实，除了店铺自身的粉丝量之外，一款产品的销量在很大程度上还会受到店铺宣传推广的影响。如果运营者能够在营销内容中刺激目标用户的需求，产品的销量自然会更有保障。

那么，怎么刺激目标受众的需求呢？笔者认为关键就在于通过内容的展示，让用户看到产品的用处，觉得这款产品确实是值得购买的。

如图9-5所示，为某微信公众号中的一篇文章，可以看到该文章就是针对孩子抢手机这个痛点，向用户介绍了一款"哄娃神器"。孩子拥有该产品之后，便不会再抢家长的手机，而且该产品的质量比较好，不会像手机一样容易摔坏。因此，家长们看到这篇文章之后，对于该产品的需求自然就大大提高了。

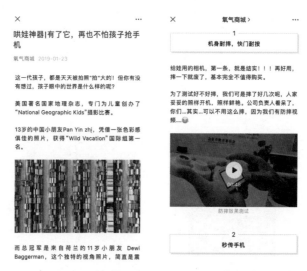

**图9-5 某产品刺激目标受众需求的文章**

### 9.3.3 硬广软化，变为推荐

越来越多的人开始对广告，特别是硬广告产生抵触情绪。部分人在看到硬广告之后，不仅不会有丝毫购买某产品的意愿，甚至还会因为对硬广告的厌恶，直接拉黑推广硬广告的账号和品牌，决心不再购买该账号和该品牌的产品。

其实，做硬广告无非就是为了进行营销，同样是营销，如果换一种方式，取得的效果可能会存在比较大的差异。

例如，运营者可以从用好物推荐的角度进行营销带货，让消费者看到产品的用处，从而让消费者因为产品好用而进行购买。如图9-6所示，为某微信公众号中的一篇产品营销文章，其采用的就是这种方法来进行带货的。

**图 9-6　好物推荐类短视频**

### 9.3.4　提前准备，做好种草

在产品还未正式上线时，许多商家都会先通过预售种草，提高目标消费群体的关注度。在微信视频号、公众号、小程序和朋友圈中，运营者也可以通过预售种草形式促进产品的推广。

运营者发布的内容主要由 3 个部分组成，即文字、画面（包括图片和视频画面）和声音。运营者可以针对这 3 个部分分别进行预售种草。文字和画面部分，运营者可以让预售的相关文字出现在画面中。图 9-7 所示的微信公众号文章就是通过这种方式进行预售种草的；声音部分，运营者可以通过口播的方式向用户传达产品预售信息，增强产品对用户的吸引力，实现预售种草。

大多数消费者都是趋利的，许多消费者为了能买到更便宜的产品都会货比三家。所以，当运营者发布预售信息时，消费者很可能会对商品的价值进行评估。此时，如果在预售中给出一定优惠的折扣，消费者就会觉得已经便宜了不少，这样在他们看来产品自然也就更值得购买了。

如图 9-8 所示，为微信公众号中预售产品的案例。该短视频文章中以"原价 128 元，现预售特惠 98 元"进行预售，优惠力度相对来说比较大。因此，当受众在看到此视频时，自然会认为此时下手购买是比较划算的。

图 9-7 通过文字进行预售种草

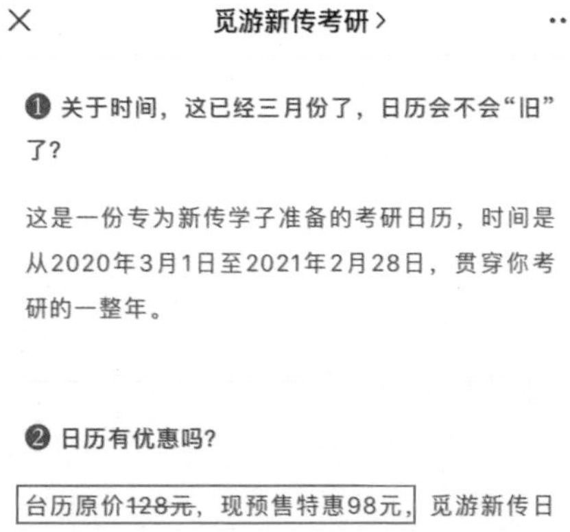

觅游新传考研 >

❶ 关于时间，这已经三月份了，日历会不会"旧"了？

这是一份专为新传学子准备的考研日历，时间是从2020年3月1日至2021年2月28日，贯穿你考研的一整年。

❷ 日历有优惠吗？

台历原价 128元，现预售特惠98元，觅游新传日

图 9-8 以优惠价格进行预售种草

### 9.3.5 精准带货，点出受众

虽然目标受众的基数越大，接收信息的人数可能就会越多，购买产品的用户似乎也就越多，但这并不代表获得的营销效果就一定会越好。

为什么这么说呢？其实很好理解，因为购买产品的只是那些对产品有需求的受众群体，如果运营者没有针对有需求的受众群体进行营销，而是花大量时间进行广泛宣传，那么，很可能就会因为对核心受众群体把握不准而难以达到预期的营销效果。

在笔者看来，与其将产品进行广泛宣传，一味地扩大产品的受众群体，倒不如对产品进行分析，找出核心受众群体，然后针对核心受众群体进行营销。这不仅能够增强营销的针对性，也能让核心用户群体一眼就看到该产品对自己的用处。

如图 9-9 所示，为某微信公众号发布的一篇文章，便是通过点出核心受众群体的方式，让微胖男生看到产品的实际使用效果，从而增加产品的销量。

**图 9-9　点出核心受众群体的微信公众号文章**

## 9.4　内容带货，话术要点

在借助内容带货的过程中，话术的使用非常重要。有时候使用正确的话术，能让你的内容带货能力成倍增长。具体来说，在用内容带货的过程中要如何使用正确的话术呢？本节就来介绍 6 种话术要点。

### 9.4.1　口头用语，贴近用户

口头用语就是在日常生活中经常使用的、口语化的语言。也正是因为口头用语是常用的语言，所以，当运营者在短视频中使用口头语言时，就能快速拉近与用户的距离，让用户看到相关话术之后觉得特别亲切。

如图 9-10 所示，为两篇微信公众号文章，这两篇文章标题中的"你吃粽子了没？"就属于口头用语。当用户看到这一类表达时，会有一种运营者在和自己打招呼的感觉，而不会觉得这就是硬性植入广告。

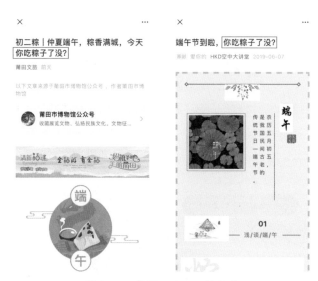

**图 9-10　使用口头用语的话术**

因此，用户看到这类营销文章之后通常不容易生出反感情绪，这便能在一定程度上提高文章的点击率。再加上内容中通过对产品的展示可以有效地增加用户对产品的需求，所以，使用口头用语的话术通常能在快速拉近与用户距离的同时，吸引用户关注产品，从而更好地提高内容的带货能力。

### 9.4.2　巧妙植入，剧情带入

虽然短视频有时候不过短短十几秒，但是，短视频用户仍对短视频的内容有所追求。许多短视频用户都喜欢有一定剧情的短视频，因为这种短视频更有代入感，也更有趣味性。所以，剧情式的短视频内容能获得的流量，通常比一般的短视频多一些。

而对于短视频运营者来说，无论是一般的短视频文案，还是短视频带货文案，流量的获得都是关键。因为获得的流量越多，通常就更容易达到营销目标。如果硬性植入广告，会让短视频用户产生反感情绪。所以，通过剧情式短视频将产品进行巧妙的植入也不失为一种不错的短视频带货方式。

例如，某短视频中重点展示的是白领周末和闺蜜坐在一起聊天的剧情。虽然短视频的标题中未出现与要销售产品相关的信息，但是却在短视频中展示了使用产品的场景——泡薏米茶。而且因为许多人在平常也会泡一杯薏米茶喝，所以将泡薏米茶这种行为植入到剧情中，也不会显得太突兀。

在剧情式短视频中植入产品时，产品与剧情的融合度至关重要。如果植入的产品与剧情本身风马牛不相及，短视频用户在看到植入的产品之后，可能还是会觉得植入过硬。因此，短视频运营者在通过剧情式短视频带货时，最好还是根据要植入的产品设计合理的剧情。

如图 9-11 所示，为某短视频的相关画面。该短视频的主要剧情是一个女生在进行自拍，而自拍的过程中，选用的服装又是十分重要的。所以，该短视频也相当于从多个角度对该运营者销售的服装进行了多方位的展示。再加上出镜女生拍出来的照片效果比较好，用户就会觉得这件衣服的上身效果比较好，自己值得一试，而对于短视频中的植入用户也就不那么反感了。

图 9-11 让植入的产品与剧情更好地融合

可能有的短视频运营者会觉得根据产品来设计专门的剧情，不仅麻烦，而且还不一定能获得预期的效果。在笔者看来，很多事情做了虽然不一定能看到预期的效果，但不做就一定看不到预期的效果。更何况，根据产品设计剧情打造的短视频对用户更具有吸引力。即使这样做难以在短期内提高产品的销量，但是产品被更多的短视频用户看到了，从长期来看对于提高产品的销量也是有所帮助的。

### 9.4.3 大咖金句，借来一用

每个行业都会有一些知名度比较高的大咖，大咖之所以能成为大咖，就是因为其在行业中具有比较专业的素质，并且获得了傲人的成绩。在带货领域也有一些作出了成绩的人，比如薇娅、李佳琦。这些人之所以能成功，就在于他们懂得通过话术引导短视频用户购买产品，甚至有的带货主播还形成了自己的特色营销话术。

以李佳琦为例，他在短视频和直播的过程中就有许多属于自己的特色营销话术，或者说是金句，其中之一就是用"买它"来引导短视频用户购买产品。如图9-12所示，为李佳琦发布的一个短视频的相关画面，可以看到在短视频标题和字幕中都出现了"买它"。

图 9-12　李佳琦发布的短视频中的金句

其实，同样是带货，李佳琦用可以引导短视频用户购买产品，普通运营者用同样也可以起到带货的作用。因此，当运营者看到一些大咖的营销金句时，不妨借过来试用一下，看看效果。

如图9-13所示，为两篇微信公众号文章，可以看到，在这两篇文章中，便借用了李佳琦的金句"买它"。

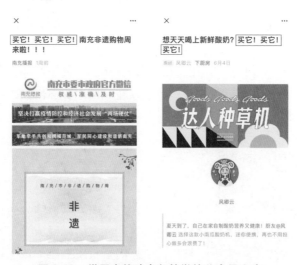

图 9-13　借用李佳琦金句的微信公众号文章

### 9.4.4　提及福利，强调价格

很多时候，价格是短视频用户购买一件产品时重点考虑的因素。这一点很好理解，毕竟谁都不想花冤枉钱。同样的产品，价格越低就越会让人觉得划算。这也是许多人在购买产品时，不惜花费大量时间去"货比三家"的重要原因。

基于这一点，短视频运营者在通过短视频带货时，可以通过一定的话术提及福利，适当地强调产品的价格优势和优惠的力度。这样短视频用户就会觉得产品的价格比较优惠，其对产品的购买需求自然也会有所提高。

如图 9-14 所示，为两篇微信公众号文章，其便是通过抢购价和原价的对比，让用户看到产品在价格上的优惠。

**图 9-14　让用户看到产品的价格优惠**

### 9.4.5　亲身试用，可观可信

俗话说得好："耳听为虚，眼见为实。"只有亲眼看到的东西，人们才会相信。其实，在产品购买的过程中也是如此。如果运营者只是一味地说产品如何如何好，却看不到实际的效果，那么，用户可能会觉得你只是在自卖自夸，这就很难打动用户了。

针对这一点，运营者在制作内容时，可以亲身试用产品，让短视频用户看到产品的使用效果，并配备相应的话术进行说明。这样，短视频用户在看到你的带货内容时，就会觉得比较直观、可信。

因此，在条件允许的情况下，笔者还是建议大家尽可能地在带货内容中将亲身试用产品的效果进行展示。其实，亲身试用操作起来很简单，如果销售的是服装，只需展示穿上服装后的效果即可，如图9-15所示；如果销售的是化妆品，如口红，只需将口红涂在嘴唇上的效果展示出来即可，如图9-16所示。

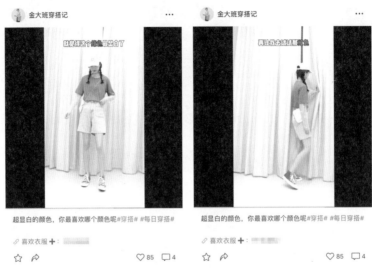

图 9-15　亲身试用服装

图 9-16　亲身试用口红

亲身试用对于接触皮肤和食用型产品尤其重要，因为用户对于这些产品使用是否安全会特别关注。如果运营者不在短视频中展示亲身使用的效果，那么部分用户就会觉得你销售的产品可能使用之后会造成一些问题。这样一来，用户自然不会轻易下单购买产品了。

### 9.4.6 对比同款，突出优势

"没有对比，就没有差距。"如果运营者能够将同款产品（或者相同功效的产品）进行对比，那么，短视频用户就能直观地把握产品之间的差距，更好地看到你的产品优势。

当然，有的运营者可能觉得将自己的产品和他人的产品进行对比，有踩低他人产品的意味，可能会得罪人。此时，还可以转换一下思路，用自己的新款产品和旧款产品进行对比。这不仅可以让新款和旧款都得到展示，而且只要话术使用得当，新款和旧款的优势都可以得到显现。

图9-17所示的短视频中，就是将同品牌的4款处理器对比来凸显新款优势的。本来这个品牌的处理器质量就比较好，也获得了一大批忠实的用户。而通过短视频中的对比，用户就会觉得新款处理器更好用。这样一来，用户对于使用该新款处理器的手机购买欲望很自然就提高了。

图 9-17　通过对比展现产品的优势

## 9.5　带货文案，赢得信任

谁都不会购买自己不信任的产品，所以，运营者如果想要让用户购买你的产品，就必须先赢得用户的信任。赢得用户信任的方法很多，其中比较直接有效的就是写出好的带货文案。

写出好的带货文案可以从 6 个方面进行重点突破。

### 9.5.1　权威树立，塑造形象

有的用户在购买产品时会对运营者自身的专业性进行评估，如果运营者自身的专业度不够，那么，短视频用户就会对短视频运营者推荐的产品产生怀疑。

所以，在微信视频号、公众号、小程序和朋友圈的运营过程中，运营者还需要通过文案来树立权威，塑造自身的专业形象，增强用户对自身的信任感。这一点对于专业性比较强的领域来说，尤为重要。

例如，摄影就是一个很讲究专业性的领域，如果摄影类运营者不能分享专业性的知识，那么，就不能获得用户的信任，也就更不用说通过内容进行带货，成功实现变现了。

也正是因为如此，许多摄影类运营者都会通过文章的分享来凸显自身的专业性。如图 9-18 所示，为微信公众号"手机摄影构图大全"发布的部分历史文章，可以看到，其便是通过专业摄影文章的分享来凸显自身的专业性的。

图 9-18　通过微信公众号文章凸显自身专业性

因为运营者在这个微信公众号中分享了大量手机摄影类文章，所以用户看到这些微信公众号文章之后，就会觉得该微信视频号运营者在手机摄影方面非常专业。在这种情况下，用户再看到该微信公众号中的摄影类产品链接时，就会觉得该产品是运营者用专业眼光挑选的。因此，用户对于该微信公众号文章中销售和推荐的摄影产品自然就多了一分信任感。

## 9.5.2 事实证明，获得认可

有句话说得好："事实胜于雄辩！"说得再多，也没有直接摆事实有说服力。短视频运营者与其将产品夸得天花乱坠，还不如直接摆事实，让短视频用户看到产品使用后的真实效果。

图 9-19 所示为一个销售大码女装的短视频。在该短视频中，运营者并没有对自己的大码服装进行太多的夸耀，而是直接将大码服装穿在自己身上，用事实来力证其大码服装的显瘦效果。

**图 9-19 通过事实力证产品使用效果**

因为有事实的力证，所以短视频用户通过该短视频可以很直观地看到该大码服装的上身效果。再加上上身效果确实比较好，因此，部分身材有些肥胖的女性在看到该短视频文案时，就会觉得短视频中的大码服装值得一试。

## 9.5.3 借力顾客，塑造口碑

从用户的角度来看，运营者毕竟是需要通过销售产品来变现的，所以，如果只是运营者说产品各种好，用户通常是不会轻易相信的。对此，运营者在制作内容时，可以通过适当借力顾客来打造产品和店铺的口碑。

借力顾客打造口碑的方法有很多，既可以展示顾客的好评，也可以展示店铺的销量或店铺门前排队的人群，还可以将顾客使用产品后的效果展示出来，让用户看到。图9-20所示的短视频中，就是通过将顾客使用产品之后的效果展示出来，来打造产品口碑的。

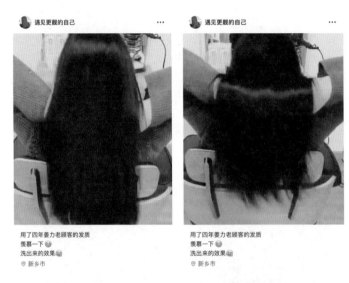

**图9-20 通过顾客对产品的肯定来打造口碑**

借力顾客打造产品口碑对于实体店运营者来说尤为重要，因为一些实体店经营的产品是无法通过网上发货的，最多也就是通过外卖的方式，送给附近的顾客。而借力顾客打造产品口碑，则会让附近看到店铺相关内容的用户对店铺及店铺中的产品多些兴趣。这样一来，店铺运营者便可以将附近的线上平台用户直接转化为店铺的顾客了。

### 9.5.4 消除疑虑，解答问题

如果用户对你销售的产品还有疑虑，那么，短视频用户通常是不会购买产品的。因为通过短视频平台销售产品时，用户是无法直接体验产品的，所以，心中难免会对产品有所疑虑。因此，在制作带货卖货内容时，短视频运营者还需要解答用户的疑虑，让用户放心购买你的产品。

如图9-21所示，为某微信公众号发布的带货文章。看到该文章的标题时，许多用户对于"一支笔，就能做出钢铁侠"有所疑虑，这是什么笔，它是不是真的像说的那样神奇呢？

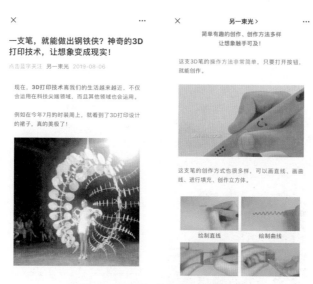

**图 9-21　通过文案消除用户的疑虑**

为了验证这一点，运营者在文章中展示了该 3D 笔的操作方法和使用该 3D 笔制作的物件。看完该文章后，许多用户心中的疑问便得到了解答。

许多用户都有过失败的网购经历，所以，对于网上销售的产品会有一些不信任感。运营者如果想要获得这些用户的信任，就要消除用户的疑虑，让用户信任你销售的产品。

### 9.5.5　扬长避短，展示优势

无论是哪种产品，都会既有缺点，也有优点，这本来是一件很自然的事。但是，有的用户会过于在意产品的不足，如果看到产品有不如意的地方，就会失去购买兴趣。

为了充分挖掘这部分用户的购买力，运营者在展示产品时，需要选择性地对产品的优缺点进行呈现。更具体地说，就是要尽可能地扬长避短，重点展示产品的优势，而尽量不要让用户看到产品的不足。

图 9-22 所示的微信公众号文章中，运营者在展示产品时，重点对产品随时随地可以开吃、食材新鲜爽脆、食材盒使用无染色环保材料等优点进行了说明。正是因为该产品优点众多，所以，对于这一类产品有需求的用户在看到该文章之

后很容易就心动了。

同样还是文章中的产品，如果用户将产品的缺点说出来，如味道比实体店差、产品性价比低等，试想一下，还有多少用户愿意购买这件产品呢？

图 9-22　重点展示产品的优势

部分运营者可能会觉得扬长避短，重点展示产品的优势是在刻意隐瞒产品信息。笔者对此不是很认同。谁都希望将自己好的一面展现给他人，既然人可以扬长避短，那为什么产品不可以呢？而且这也不是刻意隐瞒，而是选择对自己有利的信息进行重点展示。

### 9.5.6　缺点转化，变为优势

正所谓："金无足赤，人无完人。"世上没有十全十美的事物，产品也是如此，无论是什么产品，总会有一些缺点和不足。有缺点和不足并不可怕，可怕的是缺点和不足被无限放大，成为产品的致命弱点。

其实有时候只要处理得当，缺点和不足也能转化为凸显产品优势的一种助力。关键就在于要找到一种合适的转化方式，让用户通过产品的缺点和不足，看到产品的其他优势。

进行缺点转化的方式有很多，其中一种比较有效的方法就是通过一定的话术表达产品的缺点和不足只有一个，将产品的一个显著但又不影响产品品质的缺点进行说明。这样，用户在看到运营者发布的内容之后，就会觉得产品只有一个缺点，其他的都是优点。在这种情况下，用户对产品的好感度便会得到快速提升。

如图 9-23 所示，为某微信公众号发布的一篇文章。运营者直接在该文章中表示"不支持高刷新率是红米 K30 Pro 的一大遗憾"。本来许多人在购买手机时更注重的是性价比，至于手机屏幕刷新率的重要性相对来说就不那么重要了。

**图 9-23　通过缺点转化凸显优势**

看到该文章之后，用户就会觉得该手机虽然有一个缺陷，但是，从整体来说该手机性价比还是比较高的。因此，许多用户看完该文章之后，反而会觉得这款手机更值得购买了。

# 第10章

# 轻松变现，实现梦想

学前提示

变现赚钱，是每一个运营者都渴望的事情。本章主要介绍8种主流变现赚钱的方法、8种特色变现赚钱的方法，帮助各位运营者快速、高效地变现，实现年赚上百万元的梦想。

要点展示

▶　主流变现，快速赚钱

▶　特色变现，高效转化

## 10.1 主流变现，快速赚钱

获得收益是每一个运营者的最终目的，也是运营者付出的辛苦的汗水应该得到的回报。运营微信视频号、公众号、小程序和朋友圈主要是通过 8 种主流变现赚钱的方法，帮助大家实现快速变现的。

### 10.1.1 打造商城，直接盈利

微信的浪潮已经席卷了各个行业，电商行业也不可避免。原始的一手交钱一手交货的买卖方式可以照搬到互联网上，在微信平台上也同样适用，而且相比传统模式，微信营销更具有优势。

微信平台的便捷化，让运营者的脚步迈得越来越大，目前，已经有不少电商巨头企业开始投入到微信营销的大潮中。微信对电子商务的冲击和影响主要包括两方面：一是降低了电商的宣传成本；二是开启了全新的沟通方式。除了这两点影响之外，微信还能为电商带来合适的营销环境，打造微商城，直接获得盈利，这就是本小节要讲的电商盈利内容。

微商城是基于微信公众平台推出的一款应用，因为微信的火爆程度，让很多商家发现人们通过移动端，能够更快捷、更方便地进行各种购买活动，因此，微信平台推出了微商城通道，让商家通过微信平台获得更多的用户群体，实现各种营销活动。

如图 10-1 所示，是唯品会微信公众平台的界面。广大用户可以在唯品会微信公众号的界面上，点击"去购物"按钮，即可进入唯品会微商城选购商品。

**图 10-1　唯品会的微商城**

## 10.1.2    流量变现，广告获益

在微信后台，有一个"流量主"功能，流量主功能是腾讯为微信公众号量身定做的一个展示推广服务，主要是指微信公众号的管理者将微信公众号中指定的位置拿出来给广告主打广告，然后收取费用的一种推广服务。

微信公众平台的流量主功能有 4 种广告形式，只要运营者的微信公众号的粉丝量达到 500，便可以借助流量主广告功能实现变现。如图 10-2 所示，为微信公众号流量主的 4 种广告形式。

**图 10-2    微信公众号流量主的 4 种广告形式**

如图 10-3 所示，是微信公众号"手机摄影构图大全"和"玩转手机摄影"推送的文章最底部流量主广告。可以看到，这两篇文章中的流量主广告都是以小卡片的形式出现在"阅读原文"下方的。

要想做流量广告，微信公众运营者就要首先开通流量主。流量主在哪里开通呢？运营者可以通过以下步骤开通流量主。

**步骤 01**    微信公众运营者打开微信公众平台，单击微信公众号后台左边的"流量主"按钮，如图 10-4 所示。

**步骤 02**    完成操作后，进入"流量主"页面，单击右上方的"申请开通"按钮，如图 10-5 所示。

**步骤 03**    执行上述操作后，就能进入开通页面。当然，如果没有达到相关的要求，就不能开通流量主功能，平台会跳出"温馨提示"对话框，如图 10-6 所示。

图 10-3  流量主广告

图 10-4  单击"流量主"按钮

图 10-5  流量主页面

**图 10-6　"温馨提示"对话框**

对于想要通过流量广告进行盈利的微信公众号运营者而言，首先要做的就是把自己的粉丝量提上去，只有这样，才能开通流量主功能，进行盈利。

开通流量主功能，并且在微信公众号文章中插入广告之后，运营者就可以借助流量主功能赚钱了。另外，微信公众号运营者还可以进入"流量主"的"概览"界面查看账户收入情况。如图 10-7 所示，为某微信公众号账户的收入情况。

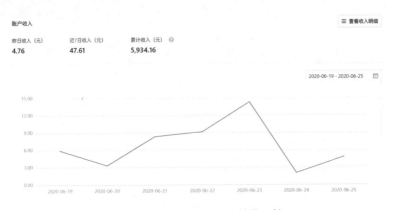

**图 10-7　某微信公众号账户的收入情况**

### 10.1.3　喜欢作者，点赞打赏

为了鼓励优质的微信公众号内容，微信公众平台推出了"赞赏"功能，开通"赞赏"功能的微信公众号必须满足 3 个条件，如图 10-8 所示。

运营者想要让自己的微信公众号开通"赞赏"功能，就需要经历两个阶段，具体如图 10-9 所示。

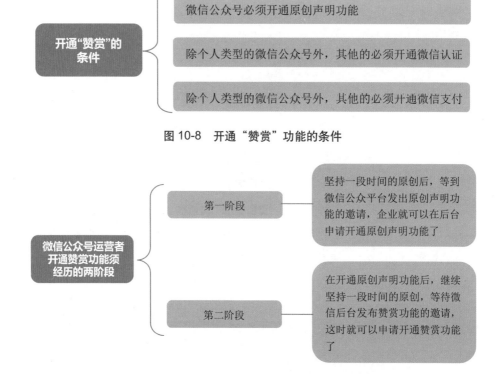

图 10-8　开通"赞赏"功能的条件

图 10-9　微信公众号运营者开通赞赏功能须经历的两阶段

运营者如果符合开通要求，那么，只需在赞赏功能开通页面，单击"开通"按钮，即可申请开通赞赏功能，如图 10-10 所示。

图 10-10　单击"开通"按钮

开通赞赏功能之后，微信公众号运营者便可以在图文编辑界面设置赞赏功能了，具体操作步骤如下。

步骤 01 完成微信公众号文章内容的编辑后，单击下方的"声明原创"按钮，如图 10-11 所示。

图 10-11 单击"声明原创"按钮

步骤 02 进入"声明原创"板块的"须知"界面，勾选"我已阅读并同意遵守《微信公众平台原创声明及相关功能使用协议》《微信公众平台赞赏功能使用协议》"复选框；单击"下一步"按钮，如图 10-12 所示。

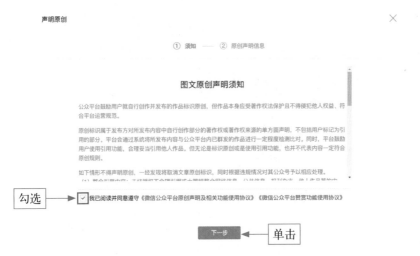

图 10-12 单击"下一步"按钮

**步骤 03** 进入"声明原创"板块的"原创声明信息"界面，对赞赏的相关信息进行设置，单击"确定"按钮，如图 10-13 所示。

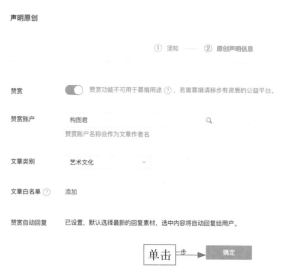

**图 10-13 单击"确定"按钮**

**步骤 04** 操作完成后，将编辑完成的文章内容进行发布。文章发布后，在文章的末尾会出现"喜欢作者"的字样，用户点击该字样便可选择对应的金额，赞赏作者，如图 10-14 所示。

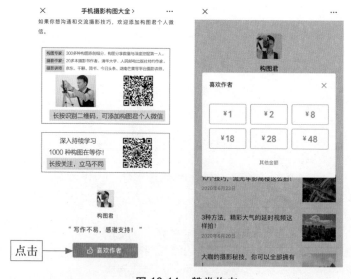

**图 10-14 赞赏作者**

### 10.1.4 会员制度，付费解锁

招收付费会员也是微信公众平台运营者变现的方法之一，最典型的例子就是"罗辑思维"微信公众号，"罗辑思维"推出的付费会员制分为两个类别：普通会员是 200 元 / 个，而铁杆会员是 1200 元 / 个。这个看似不可思议的会员收费制度，其名额却在半天就售罄了。

"罗辑思维"能够做到这么厉害的地步，主要是"罗辑思维"运用了社群思维来运营微信公众平台。它将一部分具有相同属性的人聚集在一起，从而充分发挥会员和社群的价值。

"罗辑思维"在初期的任务主要是积累粉丝，他们通过各种各样的方式来吸引用户，包括写作、开演讲、录视频和做播音等。

等粉丝达到了一定数量之后，"罗辑思维"便推出了招收收费会员制度，对于"罗辑思维"来说，招收会员其实是为了设置更高的门槛，留下高忠诚度的粉丝，形成纯度更高、效率更高的有效互动圈。

"罗辑思维"付费会员模式的成功，吸引了许多微信公众号进行模仿，"虎嗅 APP"微信公众号就是其中之一。该微信公众号的部分文章会提示用户："本文为虎嗅 Pro 会员专享文章""即刻加入虎嗅 Pro 会员解锁全文"，并在文章的末尾处为用户提供了一个加入会员的二维码，用户可以通过扫码付费加入虎嗅 Pro 会员，如图 10-15 所示。

图 10-15 "虎嗅 APP"微信公众号文章中加入会员的提示

除此之外,在该微信公众号的自定义菜单栏中还设置了"虎嗅Pro会员"和"Pro会员尝鲜"板块,如图10-16所示。用户只需点击便可进入查看。如图10-17所示,为"虎嗅Pro会员"的相关界面。

图10-16 "虎嗅APP"微信公众号的自定义菜单栏　　图10-17 "虎嗅Pro会员"界面

用户点击"虎嗅Pro会员"界面中的某项内容,即可查看相关内容。但是,如果用户不是会员,便不能查看全文内容。同时,在界面下方,还有引导用户加入会员的信息,如图10-18所示。

图10-18 在文章末尾引导用户加入会员

## 10.1.5　品牌代理，寻找财路

一些企业想要尝试新的营销方式，这又给了创业者一个机会。有些微信视频号、公众号、小程序和朋友圈已经在营销上小有成就，掌握了一定的经验和资金，这些账号的运营者开始另找财路，帮助一些品牌代理运营。

现在有很多粉丝过百万的微信公众号，这些账号的粉丝基本上是通过微信代运营这一模式，依靠运营者以前在其他平台上积累的用户转化过来的。品牌代理运营的基本模式是以微信为主、其他平台为辅的运营方式，帮助其打造品牌，并在此基础上积攒粉丝、增加人气，从而获得盈利。

## 10.1.6　微商代理，入门缴费

传统的微商招代理，通常是通过微信朋友圈或者微信群，其实利用微信视频号、公众号和小程序也可以招代理，微商招代理是一种比较"反常规"的商业模式，为什么说它"反常规"？

因为微商招代理既能够让代理交钱，也能够让代理专注地为公司做事。微商招代理入门通常要缴纳一定的入门费用，其实这笔费用并不是无偿的，代理缴纳费用后，公司会为代理提供相应的产品、培训以及操作方法。如图10-19所示，为某微信公众号发布的招微商代理的文章。

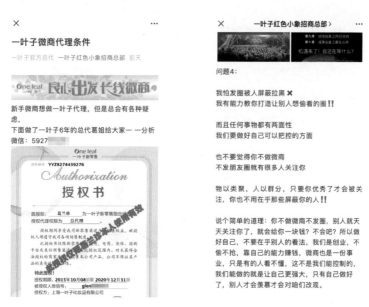

**图 10-19　某微信公众号发布的招微商代理的文章**

### 10.1.7 精彩内容，付费阅读

付费阅读也是微信公众号和小程序获取盈利的一种方式，它是指运营者在平台上推送一篇文章，订阅者需要支付一定的费用才能够阅读该文章。付费阅读和付费会员有一个共同之处，就是能够找出平台的忠实粉丝。

需要注意的是，运营者如果要实施付费阅读的话，那么他就必须确保推送的文章有价值，不然就会失去粉丝的信任。在微信公众平台上，有两种付费订阅模式：一种是全部文章都要付费才可以阅读的模式；另一种是只有部分精彩的文章需要付费阅读的模式。

如图 10-20 所示，为某微信公众号发布的一篇文章，其属于需要付费才能阅读全文的文章。

图 10-20　某微信公众号发布的付费文章

那么，运营者要如何发布付费阅读内容呢？下面就以微信公众号为例，对具体步骤进行说明。

**步骤 01**　进入微信公众号后台的文章编辑界面，选中界面下方"图文类型"中的"付费图文"单选按钮，如图 10-21 所示。

**步骤 02**　进入"付费图文"板块的"相关须知"界面，勾选"我已阅读并同意遵守《微信公众平台付费功能服务条款》《微信公众平台原创声明及相关功能使用协议》"复选框；单击"下一步"按钮，如图 10-22 所示。

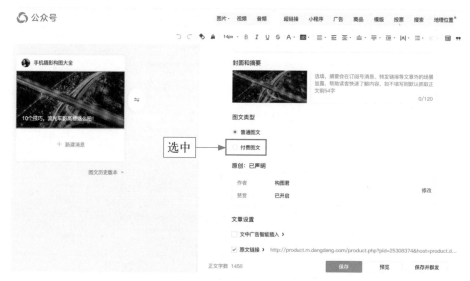

**图 10-21　选中"付费图文"单选按钮**

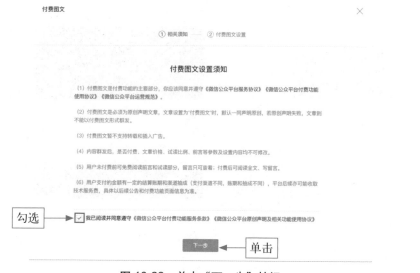

**图 10-22　单击"下一步"按钮**

步骤 **03**　进入"付费图文"板块的"付费图文设置"界面，对付费阅读的相关信息进行设置，单击界面下方的"确定"按钮，如图 10-23 所示。

步骤 **04**　操作完成后，页面将自动跳转至微信公众号后台的文章编辑界面。运营者可以将鼠标指针停留在图文左侧的空白处，并单击鼠标左键，自主设置免费阅读的比例。笔者在这里设置的试读比例为 32%，如图 10-24 所示。

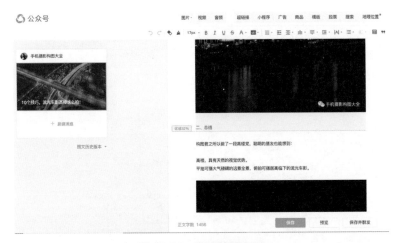

图 10-23　单击"确定"按钮

图 10-24　设置试读比例

**步骤** 05　回到"图文类型"板块，此时系统会显示"付费图文"单选按钮已被选中，并显示付费阅读的相关信息，如图 10-25 所示。

**步骤** 06　检查文章内容，确认无误后，单击界面下方的"保存并群发"按钮，即可将付费阅读文章群发给用户。

微信公众号文章发布之后，文章标题后方会出现"付费"字样，如图 10-26 所示。用户点击进入，即可看到文章的可试读比例和阅读全文需要支付的金额，如图 10-27 所示。

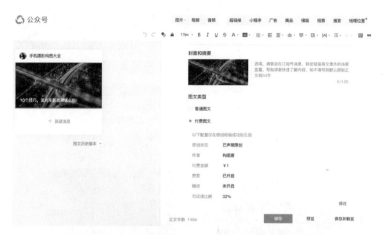

图 10-25　"图文类型"板块显示付费阅读信息

图 10-26　显示"付费"字样

图 10-27　显示可试读比例和需支付金额

## 10.1.8　软文广告，传递信息

软文广告是指运营者在微信视频号、公众号、小程序和朋友圈平台或者其他平台上以在文章中软性植入广告的形式推送文章。

文章中软性植入广告是指文章里不会介绍产品，不会直白地夸产品有多么好的使用效果，而是选择将产品渗入文章情节中去，在无声无息中将产品的信息传递给消费者，从而使消费者更容易接受该产品。

如图 10-28 所示，是微信公众号"手机摄影构图大全"推送的一篇文章，在该文章中，运营者以赠送自己编写的图书的方式，吸引用户的关注，同时还在文章中对图书封面进行展示。虽然在此过程中，运营者并没有对图书进行过多的介绍，但是，阅读该文章的用户都由此知道了这两本图书，这便属于通过软文来植入广告。

**图 10-28　微信公众平台"手机摄影构图大全"推送的软文广告**

软文广告形式是广大微信公众平台运营者使用得比较多的盈利方式，只要处理得当，其获得的效果也是非常可观的。

## 10.2　特色变现，高效转化

在介绍了电商盈利、流量广告、点赞打赏、付费会员、品牌代理等 8 种主流变现赚钱的方法之后，接下来介绍运营者可以采用的 8 种特色变现赚钱的方法。

### 10.2.1　在线教学，推出课程

在线教学是一种非常有特色的变现方式，也是一种效果比较可观的吸金方式。运营者如果要开展在线教学，首先得在某一领域比较有实力和影响力，这样才能确保教给付费者的东西是有价值的。

而在前期，运营者需要做的就是吸粉，通过提供免费的干货技巧让账号获得足够多的粉丝，才能实行后期的收费制度。而且对于想要开展在线教学的公众号运营者来说，制定一个好的培训价格是非常重要的。原因主要有两个：一是价格

不能太高，太高了可能买的人少，甚至不会有人买；二是价格不能太低，价格太低，运营者能赚到的钱相对比较有限，而且还很容易造成用户之间的互相传播，影响整体的成交量。

采用在线教学这种盈利方式的微信视频号、公众号、小程序和朋友圈中，做得不错的微信公众号有"四六级考虫"。"四六级考虫"是一个为广大大学生及想学习英语的群体提供教学培训的微信公众号，它有自己的官方网站和手机App。粉丝可以在公众平台和其官网上了解教学培训课程的相关内容以及订阅课程，然后在官网或者手机 App 上进行线上学习。

微信公众号"四六级考虫"上的课程分为两种：一种是免费的，另一种是收费的。另外，在收费课程中，不同的课程价格也不一样。如图 10-29 所示，为微信公众号"四六级考虫"的"四级听力 3 大题型专项训练"和"四级系统班 暑假班"课程的相关页面。可以看到，"四级听力 3 大题型专项训练"的课程是免费的，而"四级系统班 暑假班"的课程则需要花费 199 元购买。

图 10-29　微信公众号"四六级考虫"上的免费和收费课程

## 10.2.2　有偿提供，数据报告

数据提供指的是微信视频号、公众号、小程序和朋友圈运营者专门给有需求的广告主提供相关的数据报告，从而获得一定收益的盈利方式。

数据提供获得收益这种方式并不是每一个运营者都可以进行的，它对运营者的能力要求比较高，通常来说，只有那些拥有大数据基础的账号运营者才能做到，如"微榜""新榜排行榜"等微信公众平台。图 10-30 所示，为"新榜排行榜"微信公众平台上发布的数据报告文章。

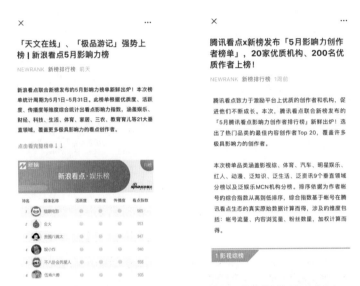

**图 10-30　微信公众平台"新榜排行榜"上提供的数据案例**

### 10.2.3　图书出版，销售获益

图书出版盈利法，主要是指微信视频号、公众号、小程序和朋友圈运营者在某一领域或某一行业经过一段时间的经营，拥有了一定的影响力或者有一定的经验之后，将自己的经验进行总结，然后进行图书出版，以此获得收益的盈利模式。

如果账号运营者本身有一定的实力，那么，采用出版图书这种方式获得盈利，获得的收益还是很乐观的。微信公众号"手机摄影构图大全""凯叔讲故事"等都曾采取这种方式获得盈利，效果也比较可观。

以微信公众号"手机摄影构图大全"的运营者构图君为例，这位运营者常年研究手机摄影的相关知识，结合自身的实践推出了多本摄影图书。如图 10-31 所示，为构图君出版的部分摄影类图书，可以看到，这些书大多有不俗的销量。

另外，运营者出版图书之后，还可以将出版的图书通过微信视频号、公众号、小程序和朋友圈进行销售。例如，运营者可以通过如下步骤，在微信公众号文章中插入自己出版的图书购买链接。

**图 10-31　构图君出版的部分图书**

步骤 01　进入微信公众号后台的文章编辑界面，选择需要插入图书购买链接的位置；单击菜单栏中的"商品"按钮，如图 10-32 所示。

**图 10-32　单击"商品"按钮**

步骤 02　进入"选择商品"界面，在该界面搜索栏中输入关键词进行搜索，从搜索结果中勾选需要添加的图书链接；单击"确定"按钮，如图 10-33 所示。

步骤 03　操作完成后，返回文章编辑界面。如果此时文章编辑界面中出现了图书购买链接，就说明插入链接成功了，如图 10-34 所示。

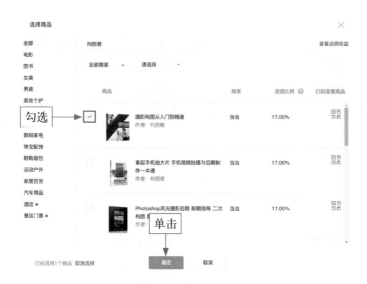

图 10-33　单击"确定"按钮

图 10-34　出现图书购买链接

## 10.2.4　举办活动，商家赞助

商家赞助指的是运营者策划、发布、承办一些有吸引力的活动，并设置相应的活动赞助环节，以此来吸引一些广告主的赞助。这种方式在获得一定收益的同时，还能提高粉丝对活动的关注度和账号的知名度。

如图 10-35 所示，为微信公众号"南海发布"承办的一场网红工厂大赛，该比赛就获得了"南海农行"的冠名赞助。

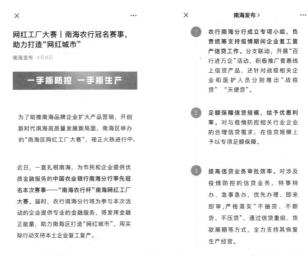

**图 10-35　微信公众号"南海发布"举办活动吸引商家赞助的案例**

## 10.2.5　社群运营，多次获益

在微信视频号、公众号、小程序和朋友圈平台上运营一段时间之后，随着知名度和影响力的提高，如果运营者在视频号中留下了联系方式，便会有人申请添加好友。

我们可以好好地利用这些人群，从中寻找商机。比如，这些人群都有具体的需求，有的人是想学习微信视频号、公众号、小程序和朋友圈如何运营，有的人是想学习如何做营销，有的人是想学习某种技能。

对此，我们可以根据人群的具体需求进行分类，然后将具有相同需求的人群拉进同一个微信群，构建社群，并通过社群的运营寻找更多的商机。笔者便是将这些人群根据需求进行分类之后，构建了微信群。

如图 10-36 所示，为笔者的微信好友申请页面截图，这其中有很多人都是来自于微信视频号、公众号、小程序和朋友圈。于是笔者便把这些人聚集起来，构建了一个微信群，如图 10-37 所示。

除此之外，如果运营者能在社群中提供足够有价值的内容，还可以向用户收取一定的进群费，让自己先赚上一笔。

某位微信视频号运营者就是这么做的，该视频号运营者在发布的微信视频号内容中插入了一个"欢迎加入干货群"的链接。微信视频号用户点击该链接之后，便可进入对应的微信公众号文章。而该微信视频号运营者则对该社群的相关信息进行了展示，并明确告诉微信视频号用户，进群需要支付 39.9 元。这样一来，只要微信视频号用户付费加入社群，该微信视频号运营者便可以直接赚到钱了。

图 10-36　微信好友申请页面截图

图 10-37　笔者构建的微信群

## 10.2.6　平台导粉，挖掘钱力

部分运营者可能同时经营多个线上平台，而且发布某条内容的平台还不是其最重要的平台。对于这一部分运营者来说，通过一定的方法将粉丝引导至特定的其他平台，可以更好地挖掘粉丝的"钱力"。

一般来说，运营者在微信视频号、公众号、小程序和朋友圈中可以通过两种方式将视频号用户引导至其他平台：一是通过链接引导；二是通过文字、语音等表达进行引导。

通过链接导粉比较常见的方式就是在微信视频号、公众号、小程序和朋友圈中插入某个平台的链接，并引导用户点击链接，从而让用户进入目标平台。

例如，某微信视频号运营者在其发布的内容中插入了微信公众号的文章链接，如图 10-38 所示。这样一来，用户如果点击该链接，便可直接进入运营者的微信公众平台，如图 10-39 所示。

有时候运营者需要导粉的平台和发布内容的平台不能直接用一个链接建立联系，此时，便可以通过多个链接进行引导。

点击

图 10-38　发布的内容中插入微信公众号文章链接　　　图 10-39　进入微信公众平台

从图 10-39 中可以看得出来，该运营者便是在微信公众号文章中插入了微信小程序链接。如果用户点击该链接，便可进入其微信小程序中对应商品的详情界面，如图 10-40 所示。

另外，点击商品详情界面中的 ⌂ 图标，则可以进入该微信小程序电商平台的"首页"界面，如图 10-41 所示。这样一来，就把微信视频号中的用户引导到该微信视频号运营者运营的微信小程序平台上了。

点击

图 10-40　商品详情界面　　　　　　　图 10-41　微信小程序电商平台"首页"界面

而当微信视频号用户进入微信小程序电商平台之后，运营者则可以通过一定的方法，如发放平台优惠券，将视频号用户变成目标平台的粉丝，让微信视频号用户在该平台上持续贡献购买力。

通过文字、语音等表达进行引导的常见方式就是在短视频中简单地对相关内容进行展示，然后通过文字、语音将对具体内容感兴趣的用户引导至目标平台。

### 10.2.7　广告代言，IP 变现

当运营者的账号积累了大量粉丝，账号成了一个知名度比较高的 IP 之后，可能就会被邀请做广告代言，此时，运营者便可以通过赚取广告费的方式进行 IP 变现。这方面抖音发展比较快，大家可以借鉴抖音运营者的经验，利用广告代言变现。

其实，抖音中通过广告代言变现的 IP 还是比较多的，他们共同的特点就是粉丝数量多，知名度高。例如，抖音号"摩登兄弟"的粉丝量便超过了 3000 万。

正是因为有如此多的粉丝，"摩登兄弟"的主唱刘宇宁成功地接到了许多广告代言，其中不乏一些知名品牌的代言。广告代言多，又有不少是知名品牌，刘宇宁的广告代言收入可想而知。

### 10.2.8　账号出售，变号为钱

无论是线上还是线下，都有转让交易。随着时代的发展，逐渐有了账号转让交易。账号转让需要接收者向转让者支付一定的费用，就这样，最终使得账号转让成为获利变现的方式之一。

如今，互联网上关于账号转让的信息非常多，在这些信息中，有意向的账号接收者一定要慎重对待，不能轻信，而且一定要到比较正规的网站上进行操作，否则很容易上当受骗。

例如，鱼爪新媒平台便提供了微信公众号账号的转让服务。如图 10-42 所示，为"公众号交易"界面。

如果微信公众号运营者想转让自己的微信公众号账号，只需单击"公众号交易"界面的"我要出售"按钮，便可进入"我要出售"界面，如图 10-43 所示。在该界面中，填写相关信息，单击"确认发布"按钮，即可发布账号转让信息。转让信息发布之后，只要售出，微信公众号运营者便可以完成账号转让变现了。

当然，在采取这种变现方式之前，运营者一定要考虑清楚。因为账号转让相当于是将账号直接卖掉，一旦交易达成，运营者将失去账号的所有权。如果不是

专门做账号转让的运营者，或不是急切需要进行变现的，笔者不建议采用这种变现方式。

图 10-42　"公众号交易"界面

图 10-43　"我要出售"界面